W0045521

Anselm Grün

Im Haus der Liebe wohnen

ANSELM GRÜN

Im Haus der Liebe wohnen

KREUZ

Inhalt

Wer nicht liebt, hat kein Dasein,
ist nicht da, ist gestorben.
Wer Lust zu lieben hat, steht von den Toten auf,
und nur wer liebt, ist lebendig.

Robert Walser

Einleitung

Schon öfter haben mich Freunde aufgefordert: »Schreib doch mal etwas über die Liebe!« Immer habe ich da abgewinkt, das Wort sei mir zu hoch. Und es gebe wohl kaum ein Wort, das mehr missbraucht und verbraucht sei als »Liebe«. Die einen setzen Liebe mit Sexualität gleich. Die Schlager singen von einer ewigen Liebe und meinen damit ein romantisches Verliebtsein. Und auch in kirchlichen Kreisen wird dieses Wort oft genug nur als Leerformel benutzt. Es wird da von der Liebe Gottes gesprochen, aber man spürt nichts davon. Es bleiben Worte, die den Kopf angehen, aber das Herz kalt lassen. Manchmal wird die Liebe in der Kirche als Waffe benutzt, um jeden Konflikt im Keim zu ersticken und jede selbständige Meinung zu unterdrücken. Im Namen der Liebe wird alles entschuldigt. Wenn da eine Sitzung schlampig vorbereitet wurde, müsse man das halt in Liebe ertragen. Wenn man wütend ist über eine falsche Argumentation, dann müsse man das in Liebe so hinnehmen. Oder man moralisiert mit der Forderung, wir müssten alle lieben und dürften keine Aggressionen haben. Man stei-

gert sich in schöne Formulierungen hinein wie dass wir immer voller Liebe sein müssten. Dann gehe alles andere. Oder es gibt den schön klingenden, aber trotzdem in sich falschen Slogan: »Christ ist man nur für andere.« Ist der Christ denn nichts in sich selbst? Ist er nicht der geliebte Sohn und die geliebte Tochter Gottes? Ist das keine Realität? Solcher Missbrauch des Wortes »Liebe« hat es mir bisher verleidet, darüber zu schreiben. Außerdem hatte ich immer Hemmungen, von meiner Liebe zu Gott oder von Gottes Liebe zu mir zu sprechen. Denn wenn andere davon allzu leichtfertig sprachen, kam mir das oft wie eine Leerformel vor.

Nun hatte ich aber in den Einzelexerzitien einen Traum. Am Ende des Traumes stand die Aufforderung: »Wecke in den Menschen die Sehnsucht nach Liebe, die Sehnsucht nach der dreifaltigen Liebe!« Und zugleich hörte ich im Traum: »Aber fange es behutsam an!« Ich spürte, dass ich nicht sofort von der Liebe Gottes reden könne, sondern dass ich die Menschen dort abholen müsse, wo sie stehen, wo sie ihre Erfahrung mit Liebe machen, wo sie hin- und hergerissen sind zwischen dem Glücksgefühl von Liebe und der Enttäuschung durch gescheiterte Liebe, wo sie gerne lieben möchten und es doch nicht vermögen, wo sie sich nach Liebe und Geliebtwerden sehnen und ihre Sehnsucht doch nie gestillt wird. Als mich Frau Hildegunde Wöller vom Kreuz Verlag daher fragte, ob ich nicht etwas über die Erfahrung von Gottes Liebe als dem eigentlichen Grund unseres Lebens schreiben möchte, sah ich das als Wink, meinem Traum zu folgen.

Ich spüre allerdings, dass es nicht darauf ankommt, die vielen Worte über Liebe zu vermehren, sondern so über die Liebe Gottes und unsere menschliche Liebe zu schreiben, dass wir sie auch erfahren und durch die Erfahrung Heilung unserer Wunden und Erfüllung unserer tiefsten Sehnsucht erfahren können. Ich komme mir dabei vor wie einer, der nach dem Verlust der Sprache, etwa durch einen Schlaganfall, die alten Worte wieder neu zu stammeln beginnt. Und ich hoffe, dass ich die Worte nicht einfach nur wiederhole, sondern sie so ausspreche, dass das Herz sich davon verstanden fühlt.

Woraus lebt der Mensch?

Die Frage, woraus und wovon der Mensch lebt, beantwortet der Volksmund in gleicher Weise wie die beiden russischen Dichter Tolstoi und Solschenizyn: »Von der Liebe.« Offensichtlich weiß der Mensch in seinem Innersten, dass sein Leben nur dann gelingt, wenn er liebt und geliebt wird, wenn er Liebe erfährt und Liebe schenken darf. Ohne Liebe wird das Leben zur Hölle, wird es unerträglich. Ohne Liebe kann man zwar große Werke schaffen, kann berühmt und bewundert werden, aber man kann ohne Liebe nicht erfüllt leben. Ohne Liebe wird das Leben leer und kalt. Das hat Thomas Mann in seinem Roman »Doktor Faustus« eindrucksvoll beschrieben. Als dem deutschen Tonsetzer Adrian Leverkühn beim Komponieren nichts mehr einfallen will, als

11

seine Kreativität steril zu werden droht, da schließt er mit dem Teufel einen Pakt. Dieser Pakt ermöglicht es ihm, geniale Werke zu schaffen. Aber die Bedingung ist, dass er keinen Menschen lieben darf:»Liebe ist dir verboten, insofern sie wärmt. Dein Leben soll kalt sein; darum darfst du keinen Menschen lieben.«[1] Thomas Mann wollte mit dem Teufelspakt das faschistische Deutschland beschreiben. Aber was Leverkühn tat, ist wohl eine Versuchung, die heute viele anfällt, die Gefahr, auf der Karriereleiter rücksichtslos nach oben zu klettern und dabei seine Seele zu verlieren und in seinem Herzen zu erkalten.

Wir stehen heute vor der Frage, ob wir aus der Liebe leben wollen, aus der Liebe Gottes als dem eigentlichen Grund unseres Lebens, und aus der Fähigkeit, einander zu lieben, oder ob wir nur groß dastehen wollen, ob wir unser Leben an die Leistung und an den Ruhm verkaufen, um den Preis der Liebe. Ich möchte in diesem Buch dazu einladen, im Haus der Liebe zu wohnen, aus der Liebe zu leben und die Liebe als den Weg zu erkennen, wie unser Leben wahrhaft lebenswert sein kann. Und ich möchte zum Ausdruck bringen, dass die Liebe die eigentliche Kraft ist, die unsere Verletzungen zu heilen vermag. Nicht psychologische Methoden heilen die Wunden, die wohl jeder von uns mit sich trägt, sondern letztlich die Liebe, nicht nur die Liebe des Therapeuten oder Seelsorgers, sondern die Liebe Gottes. Diese Liebe Gottes, die für viele so abstrakt ist, möchte ich als die eigentliche Erfahrung von Heilung und Befreiung, von Er-

füllung und Vollendung unseres Lebens verständlich machen. Ich bin mir bewusst, dass das keine leichte Aufgabe ist. Sie ist begrenzt durch die eigene Sprache, aber
auch durch die Assoziationen, die der Leser zu den Worten über die Liebe hat. Jeder wird die Worte, die er liest,
aus seiner konkreten Erfahrung heraus verstehen. Wer
sich vor allem nach sexueller Liebe sehnt, für den wird
das Sprechen über die Liebe Gottes abstrakt und vage
klingen. Wer in der Kirche moralisierende Predigten
über die Nächstenliebe gehört hat, wird auf manche
Worte allergisch reagieren. Es würde mich freuen, wenn
der Leser seine Vorurteile einmal loslassen und sich neu
auf das Geheimnis der Liebe einlassen könnte, um die
Liebe, die schon in ihm ist und ihn von allen Seiten umgibt, zu ergreifen.

1. Die Sehnsucht nach Liebe

Wohl jeder Mensch sehnt sich nach Liebe. Wir brauchen nur die Schlager anzuhören oder in die Fernsehzeitschriften zu sehen. Überall geht es darum, wie sich die Menschen Liebe ersehnen, wie diese Liebe sie glücklich machen sollte, sie aber oft genug unglücklich zurücklässt. Im Vordergrund steht dabei die Sehnsucht, von einem andern Menschen geliebt zu werden, von einem andern bedingungslos angenommen zu sein. Viele stimmen der Gleichung zu: »Ich werde geliebt, also bin ich.« Sie erfahren sich selbst als wertvoll, wenn sie von einem andern Menschen geliebt werden. Wer diese Liebe erfahren hat, der kann in sich selbst ruhen. Wer aber in seiner Sehnsucht nach Liebe enttäuscht worden ist, für den kann sie zur Sucht werden. Er kreist dann ständig um die Frage, ob die andern ihn mögen, ob der Mann oder die Frau, die er liebt, ihn auch lieben oder ob seine Liebe ins Leere geht. Um das Geliebtwerden kreisen schon die kleinen Kinder. Sie werden eifersüchtig, wenn die Eltern sich dem jüngeren Kind mehr zuwenden. Sie beobachten genau, wie viel Zeit die Mutter für

jedes Kind hat. Und sie wachen darüber, dass sie genauso viel Zeit beanspruchen dürfen wie die Geschwister. Um diese Frage geht es auch in vielen Schulklassen. Da werden unter den Jungen Machtkämpfe geführt, um die Anerkennung des schönsten Mädchens zu erreichen, um das begehrteste Mädchen zu erobern. Und die Mädchen streben danach, möglichst früh einen Freund zu haben, damit sie sich nicht minderwertig fühlen müssen. Der Freund ist wie ein Statussymbol, das sie für ihr Selbstwertgefühl brauchen. Aber das sind häufig unreife Formen der Liebe. Da geht es mehr um die Anziehungskraft des andern Geschlechtes, um das Finden der eigenen Identität. Aber gerade in der Pubertät bricht auch die Kraft der Liebe durch, die einzigartige Erfahrung, dass ich nicht nur von einem Mädchen anerkannt und geschätzt, sondern wirklich um meiner selbst willen geliebt werde. Da träumen Jungen und Mädchen von einer Liebe, die alles verzaubert. In zahllosen Tagträumen denken sie sich aus, wie es wäre, wenn der Junge oder das Mädchen, in das sie sich verliebt haben, diese Liebe erwiderten und nur für sie da wären. Sie erfahren diese verzaubernde Kraft des Verliebtseins so intensiv, dass sie alles darum geben, zu lieben und geliebt zu werden.

In zahlreichen Seelsorgegesprächen wird die Sehnsucht angesprochen, doch endlich von der Mutter oder vom Vater geliebt zu werden. Da hat eine Frau ihre ganze Energie dafür eingesetzt, dass der Vater sie doch endlich beachtet und liebt. Und immer wieder wird sie von neuem enttäuscht. Die Sehnsucht nach dem Vater

wird sie das ganze Leben begleiten, auch wenn er schon längst gestorben ist. Oder da sehnt sich ein Mann danach, von seiner Mutter geliebt zu werden. Aber jedes Mal, wenn er mit ihr zusammen ist, gibt es nur neuen Streit. Weil er nicht bekommt, was er von der Mutter erwartet, reagiert er aggressiv auf jedes ihrer Worte. Je weniger die Sehnsucht nach Liebe von den Eltern erfüllt worden ist, desto stärker bestimmt sie unsere Psyche. Und desto verfahrener werden die Beziehungen zu Vater und Mutter. Da wird aus der Liebe zur Mutter oft eine Hassliebe. Die Tochter kommt nicht von der Mutter los. Sie sehnt sich nach ihrer Liebe und hasst sie zugleich, weil sie ihr diese Liebe nicht schenkt. Der Sohn bleibt in der Mutterliebe stecken und wird unfähig, seine Frau wirklich zu lieben. Die erdrückende Mutterliebe treibt ihn zugleich ständig zu andern Frauen hin, in der Hoffnung, doch endlich frei zu werden von ihr für die wahre Liebe. Aber es ist ein Teufelskreis, aus dem er nur schwer herausfindet.

Bei Jugendkursen erlebe ich, dass Beziehungsgeschichten immer wieder bestimmender Inhalt der Beicht- und Seelsorgegespräche sind. Da leidet ein junger Mann darunter, dass er kein Mädchen findet, das ihn liebt. Immer wenn er ein Mädchen liebt, geht seine Liebe ins Leere. Entweder traut er sich nicht, der jungen Frau seine Zuneigung zu offenbaren. Oder aber er erlebt Ablehnung. Sie hat schon einen andern Freund. Da leidet eine Frau unter ihrer Einsamkeit. Als sie jung war, hatte sie viele Verehrer. Damals hat sie mit ihnen ge-

spielt. Es war so schön, unabhängig zu sein. Jetzt wird es immer schwieriger, einen geeigneten Partner zu finden. Und doch ist es ihr sehnlichster Wunsch.

Oft schleichen sich in die Sehnsucht nach Liebe noch andere Wünsche ein. Da ist der Wunsch, versorgt zu sein, nicht allein zu bleiben, eine Familie zu gründen, einen Sinn in seinem Leben zu finden. Ohne Liebe fühlt man sich allein, hat Angst vor der Zukunft, vor dem Älterwerden. Es geht nicht nur um die Liebe, sondern auch um die Frage nach dem eigenen Wert. Ohne Kinder fühlen sich manche wertlos. Aber letztlich geht es in jeder Liebe um die Frage, ob ich es wert bin, von einem andern geliebt zu werden. In der Liebe steckt der Wunsch, für einen anderen Menschen einzig zu sein, darum, dass ein anderer allein mich liebt. Die Erfahrung der eigenen Würde hängt mit der Erfahrung einer Liebe zusammen, die mich in meiner Einzigartigkeit meint, in der ich ganz ich selber sein kann und in der ich erst entdecke, was in mir an Fähigkeiten und Möglichkeiten steckt.

Die vielen Schlager, die die Liebe besingen, handeln letztlich immer von der Sehnsucht nach einer gelungenen Beziehung, nach einer Liebe, die ewig dauert, die alle Sehnsüchte erfüllt, in der man ausruhen kann, die einem ewiges Glück beschert. Auch wenn die Schlager diese Liebe oft sehr plakativ besingen, zeigen sie doch, was die Menschen in ihrem Innersten bewegt.

Die Frage ist, wie wir Seelsorger auf diese Sehnsucht nach Liebe so antworten können, dass sich die Menschen angesprochen fühlen. Wir können ihnen nur ant-

worten, wenn wir uns tief in ihre Sehnsucht hineinfühlen und wenn wir die eigene Sehnsucht zugeben, sie anschauen und ihr trauen.

Sehnsucht nach Verliebtsein

In der Sehnsucht nach Liebe geht es nicht nur darum, vom anderen geliebt zu werden. Viele erleben das Verliebtsein selbst als Quelle der Erneuerung und Verzauberung. Mir erzählte eine junge Frau, dass sie sich immer wieder verliebt und dass da jedes Mal in ihr etwas lebendig wird. Sie kann das Verliebtsein genießen, selbst wenn es von dem Mann nicht erwidert wird, in den sie sich verliebt hat. Denn sie erfährt dabei sich selbst auf neue Weise. Sie entdeckt bei jedem Verliebtsein neue Seiten in sich. Der graue Alltag lichtet sich, und sie schwebt auf allen Wolken. Jeder sehnt sich auch danach, selbst lieben zu können, den Panzer der eigenen Verschlossenheit aufzubrechen und sich einem andern ganz zu öffnen, ganz hinzugeben. Liebe verwandelt den Geliebten, sie schafft ihn neu. Verena Kast sieht darin das Wesen der Liebe: »Vielleicht entsteht Liebe nur dann, bricht Liebe nur dann auf, wenn wir in einen geliebten Menschen seine besten Möglichkeiten hineinsehen und diese aus ihm herausliebe können, Möglichkeiten, die ihn über die Enge des bisherigen Gewordenseins hinaustragen, die sein Leben für etwas öffnen, was er nicht für möglich gehalten hat.«[2]

Reife Menschen wissen, dass der Zustand des Verliebtseins nicht allzu lange anhält. Sie sehnen sich danach, einen andern für immer lieben zu können. In dieser Sehnsucht nach dauerhafter Liebe steckt auch die Sehnsucht nach Verlässlichkeit und Treue, nach Sicherheit und nach einer Perspektive für die Zukunft. Die Liebe, die nach dem Stadium des Verliebtseins heranreift, nimmt den andern mit all seinen Entfaltungen an. Sie steht zu ihm. Sie meint den andern, so wie er ist. Sie ist frei von den Projektionen, die beim Verliebtsein eine so große Rolle spielen. Sie legt den andern nicht fest auf den Zustand, den er zu Beginn der Liebe hatte, sondern sie geht mit ihm durch alle Entwicklungen und Verwandlungen hindurch. Sie hält am andern fest, auch wenn er krank wird und schwach, unansehnlich und alt. In solch einer Liebe wird der Mensch gesund, wird er gleichsam neu geschaffen.

Sehnsucht nach reiner Liebe

Wenn wir von einem andern Menschen sagen, dass er ganz Liebe sei, beziehen wir uns nicht auf seine große Liebe zu seinem Ehepartner oder seiner Freundin. Es gibt auch eine Liebe, die allem gilt, allen Menschen, den Tieren, den Blumen, einer Tätigkeit. Es gibt die Liebe zum Augenblick. Lieben ist offensichtlich mehr, als in einen andern verliebt zu sein. Liebe meint die wohlwollende Zuwendung zu allem. Ein Mensch, der ganz Liebe ist, geht liebevoll mit sich selbst um, er berührt zärtlich

die Blume in seinem Zimmer, er streichelt den Hund, der ihm begegnet, er kann liebevoll die Landschaft betrachten. Er strahlt eine Wärme und Liebe aus, die jedem gut tut, der in seine Nähe kommt. Seine Liebe ist nicht gekünstelt. Er muss sie nicht seiner Aggressivität abringen. Er hat Verständnis für die Menschen in seiner Umgebung. Er reagiert barmherzig und milde und verzichtet auf hartes Urteilen. Verena Kast spricht hier von einer liebevollen Haltung zu allem, nicht nur zu einem konkreten Du. Liebe ist für sie nicht bloß ein Gefühl zwischen den Menschen. »Liebe ist primär ein Gefühl von mir, von dem ich erfasst bin, das in mir aufbricht; es sucht aber immer zugleich eine Verbindung zu einem Du, sei es ein Liebespartner, eine Sache, die Natur, Gott. Ich halte Liebe für das Gefühl, das Getrenntes lustvoll vereint und doch weiß, dass wir letztlich Einzelne bleiben müssen.«[3] Mir erzählte eine Frau, dass sie nach der Meditation eine tiefe Zärtlichkeit zu allem in sich gespürt habe. Es war gerade Frühling. Sie konnte alles um sich herum und in sich lieben. Sie war einfach erfüllt von Liebe. Das war für sie eine tiefe spirituelle Erfahrung.

So ein Mensch mit einer liebevollen Haltung war offensichtlich Staretz Sossima, den Dostojewski in seinem Buch »Die Brüder Karamasow« beschreibt und von dem er folgende Worte als Vermächtnis überliefert: »Brüder! Fürchtet euch nicht vor der Sünde der Menschen, liebet den Nächsten auch in seiner Sünde, denn solches ist schon der Liebe Gottes ähnlich und steht über der Liebe auf Erden. Liebet die ganze Schöpfung Gottes, die ganze

Welt und jedes Sandkörnchen auf Erden! Jedes Blätt-
chen, jeden Lichtstrahl Gottes habet lieb! Liebet die
Tiere, liebet die Pflanzen, liebet jedes Ding! Wenn du
aber jedes Ding lieben wirst, dann wirst du auch das Geheimnis Gottes in den Dingen erfassen! Es wird dir dann
einst aufgehen, und du wirst es dann schon ohne Unter-
lass Tag für Tag immer mehr erkennen! Und du wirst
dann endlich schon die ganze Welt lieb gewinnen in ihrer Einheit und mit einer Liebe, die das Weltall umfasst!«[4] Liebe ist für Dostojewski immer allumfassend.
Sie richtet sich auf alles, nie nur auf einen einzigen Menschen. Die Liebe entdeckt in allem das Geheimnis
Gottes, in jedem menschlichen Antlitz, aber auch in jedem Staubkorn, in jedem Grashalm. Dostojewski hat offensichtlich einen Menschen vor Augen, der ganz und
gar Liebe ist, dem die Liebe aus den Augen strömt, bei
dem sie in jeder Berührung ist, in jedem Wort, in jedem
Blick, in jeder Bewegung. Für Dostojewski steckt das
Geheimnis des menschlichen Lebens in dieser Fähigkeit
zu reiner Liebe, wie sie in Sossima und im jüngsten der
Brüder Karamasow, in Aljoscha, sichtbar wird. Die
Hölle besteht für den russischen Dichter im »Schmerz
darüber, dass man nicht mehr zu lieben vermag«.[5] Wer
aber einem wirklich liebenden Menschen begegnet, der
erlebt, dass er frei wird von der Selbstverachtung, vor
der Sossima die Menschen so sehr warnt. Die leiden-
schaftliche und grausame Gruschenka sagt zu Aljoscha:
»Ich habe mein ganzes Leben lang solch einen wie dich
erwartet, gerade dass so einer wie du kommen und mir

alles verzeihen werde! Und ich habe geglaubt, dass ir-
gendjemand auch mich lieben wird, mich Schlechte, und
nicht nur um den Preis meiner Schande.«[6]

Dostojewski hat in seinen Romanen noch zwei andere
Gestalten gezeichnet, die das Geheimnis der Liebe ver-
körpern. In beiden wird die intensive und leidenschaftli-
che Liebe zwischen Mann und Frau beschrieben, aber
zugleich scheint durch ihre Liebe zueinander die göttliche Liebe hindurch, wie sie uns in Christus aufgeleuchtet ist. Da ist Sonja im Roman »Schuld und Sühne«. Sie
folgt dem Mörder Raskolnikoff in das Arbeitslager nach
Sibirien. Sie wartet in ihrer Liebe auf ihn. Alle Strafge-
fangenen gewinnen diese hagere Frau lieb, die darauf
wartet, dass Raskolnikoff seine Tat bereut und wie Lazarus aufsteht von den Toten. Die Auferweckung des Lazarus hatte Sonja einst dem Mörder vorgelesen. Sie ist
die Motivgeschichte, die Dostojewski seiner Erzählung
zugrunde legt. Endlich, nach vielen Begegnungen ist es
so weit: »Wie es gekommen war, wusste er selbst nicht,
aber plötzlich schien ihn etwas zu packen und zu ihren
Füßen zu ziehen. Er weinte und umfasste ihre Knie. Im
ersten Augenblicke erschrak sie heftig und ihr Gesicht
ward totenblass. Sie sprang zitternd auf und sah ihn an.
Aber sie begriff im Nu alles. In ihren Augen leuchtete
ein grenzenloses Glück; sie hatte verstanden und es gab
für sie keinen Zweifel mehr, dass er sie liebte, grenzenlos liebte, und dass endlich dieser Augenblick gekommen war ... Sie wollten sprechen, aber konnten nicht.
Tränen standen in ihrer beider Augen. Beide waren sie

bleich und abgemagert; aber in diesen kranken und blei-
chen Gesichtern leuchtete schon die Morgenröte einer
neuen Zukunft, der völligen Auferstehung zu neuem Leben. Die Liebe hatte sie erweckt, das Herz des einen ent-
hielt eine unerschöpfliche Lebensquelle für das Herz des
anderen. Sie beschlossen zu warten und zu dulden. Sieben Jahre hatten sie noch zu warten; bis dahin so viel un-
erträgliche Qual und so viel grenzenloses Glück! Aber er
war auferstanden und er wusste es, fühlte es ganz und
gar mit seinem neuen Wesen, sie aber – sie lebte ja doch
bloß in ihm!«[7] Das ist wohl das größte Geheimnis der
Liebe, dass sie einen Menschen aus dem Tode aufer-
wecken kann, dass sie den Panzer der Schuld und Selbst-
zerfleischung zerbricht und neues Leben hervorlockt.
Der Mörder, der bisher alle seine Mitgefangenen mit dü-
steren Augen betrachtet hatte, gewann sie nun lieb. Dostojewski deutet diese Liebe Sonjas mit der biblischen
Geschichte von der Auferweckung des Lazarus. Dort hat
die Liebe Jesu den Stein durchdrungen, hinter dem Lazarus, in Binden eingewickelt, bereits vier Tage tot lag.
Die Liebe wälzt den Stein weg, der auf dem Toten liegt
und ihn am Leben hindert. Es ist oft der Stein innerer
Verhärtung oder Verzweiflung. Weil man nicht mehr an
die Liebe glaubt, macht man sich hart und kalt. Die
Liebe durchdringt den Stein und lockt den Toten hervor.
Schöner kann man die Liebe zwischen Mann und Frau
nicht schildern, als dass sie Tote wieder zum Leben befreien kann, dass sie eine unerschöpfliche Lebensquelle
ist, die stärker ist als der Tod.

In »Schuld und Sühne« gelingt die Liebe. In dem Roman »Der Idiot« dagegen hat die reine Liebe des Fürsten Myschkin keinen Platz in dieser Welt. Dostojewski hat in der Gestalt des Idioten eine Christusfigur gezeichnet. So wie Christus nicht verstanden wird in einer Welt des Hasses und der Unbarmherzigkeit, so hat auch heute eine so reine Liebe, wie sie der naive Fürst Myschkin verkörpert, keine Chance. Nastassja Filippowna spürt zwar, dass die Liebe des Fürsten sie heilen könnte. Aber sie entscheidet sich schließlich doch für die Liebe des Mannes, der dann ihr Mörder werden sollte, Rogoshin. Dostojewski schildert hier eindrucksvoll, wie die Liebe zu töten vermag, wenn sie nicht rein und lauter ist wie die des epileptischen Fürsten Myschkin, der schließlich beim Anblick der ermordeten Frau, die er so lauter geliebt hat, wieder in seine Krankheit zurückfällt. In einer Welt, in der die Liebe so pervertiert wird, dass sie nicht mehr auferweckt, sondern tötet, kann sich die reine Liebe nur hinter der Krankheit verstecken. In diesem mitreißenden Roman möchte Dostojewski in uns die Sehnsucht nach einer lauteren und reinen Liebe wecken, wie sie der Fürst und wie sie uns Jesus Christus vorgelebt haben. Sie allein vermag Leben zu wecken und verwundete Menschen zu heilen.

2. Verwicklungen der Liebe

Was Dostojewski in seinem Roman »Der Idiot« als tötende Liebe beschrieben hat, das ist ein Phänomen, dem wir auch sonst immer wieder begegnen. So sehr sich die Menschen nach wahrer Liebe sehnen, so häufig machen sie die Erfahrung, dass ihre Liebe umschlägt in Hass und Eifersucht, in Rache, ja sogar in die Bereitschaft, den geliebten Menschen umzubringen. Auch wenn die Liebe noch so stark ist, mischen sich Zweifel in sie hinein, ob der andere mich wohl ausschließlich liebt oder ob er nicht doch andere lieber hat als mich. Und es ist gar nicht so leicht, solche Gedanken abzuwehren. Sie können sich in das Herz einnisten und es verdunkeln. Wir spüren, dass es nicht selbstverständlich ist, dass die Liebe gelingt. Sie ist immer auch gefährdet durch Zweifel an der Liebe des andern und durch die eigene Unfähigkeit, wirklich lieben zu können.

Viele verwechseln Lieben auch mit Besitzen. Sie möchten den geliebten Menschen für sich allein haben. Sie betrachten ihn als ihr Eigentum, das sie mit keinem andern zu teilen bereit sind. Sie halten ihn fest, damit er

ja nur sie allein lieben könne. Die Frau wird eifersüchtig, wenn der Freund mit einer anderen Frau spricht. Der Mann kann es nicht ertragen, dass seine Frau zu einer Freundin geht, mit der sie sich gut versteht. Sie könnte ja mit ihr über ihn und ihre Beziehung sprechen. Die Eifersucht kann zu einem Gefängnis werden, in das wir den Partner sperren. Er darf nichts tun, was uns eifersüchtig machen könnte. Aber je mehr wir den geliebten Menschen festhalten, desto mehr engen wir ihn ein und erzeugen in ihm Aggressionen, ja oft sogar Hass.

Wir sind oft nicht fähig zu wirklicher Liebe, weil unsere Liebe mitbestimmt ist von unseren früheren Erlebnissen. Da haben wir vielleicht als Kind die Erfahrung gemacht, dass wir verlassen worden sind, als wir die Mutter oder den Vater gebraucht haben. Wir wurden allein gelassen, als wir in unserem Kinderbett nach Hilfe geschrien haben. Wir mussten die Liebe der Eltern erkaufen, indem wir besonders brav waren und uns den Wünschen der Eltern fügten. Wir haben uns ihren Erwartungen angepasst. Der Streit der Eltern untereinander war ein brüchiger Boden für unsere Liebe. Wir lebten ständig in der Angst, sie zu verlieren, wenn die Eltern sich voneinander trennen würden. Oder wir haben von den Eltern eine Liebe erfahren, die vereinnahmt, die zwar alles gibt, die aber auch zur Dankbarkeit zwingt. Oder wir sind in unserer Liebe zu den Eltern verletzt worden, indem wir mit unserem Bedürfnis nach Nähe und Zärtlichkeit lächerlich gemacht wurden. Unsere Liebesfähigkeit ist beeinträchtigt durch die Mangelerfah-

rungen in unserer Lebensgeschichte und durch neuroti-
sche Strukturen, die wohl jeder von uns mit sich herum-
schleppt. Daher braucht es einen langen Weg, um reife
Liebe zu lernen.

Liebesschicksale in der Weltliteratur

Die Weltliteratur ist voll von Beispielen, wie Liebe zu einer Tragödie werden kann, wie Liebe scheitert und Menschen in den Abgrund zieht. Da sind die vielen Dreiecks-
geschichten. Ein Mann liebt eine verheiratete Frau, die
sich dann hin- und hergerissen fühlt zwischen beiden
Männern. So beschreibt es Graham Greene in »Das
Ende einer Affäre«. Dort liebt der Schriftsteller Bendrix
die attraktive Frau Sarah, die mit dem biederen Beamten
Henry verheiratet ist. Sowohl Sarah wie Bendrix erfahren in ihrer stürmischen Liebe zugleich, dass sie nicht zu
wahrer Liebe fähig sind. Sarah schreibt in ihr Tagebuch:
»Ich habe immer den Wunsch gehegt, begehrt, bewundert zu werden. Ein furchtbares Gefühl der Unsicherheit
bemächtigt sich meiner, wenn ein Mann sich gegen mich
wendet, wenn ich einen Freund verliere. Nicht einmal einen Gatten will ich verlieren. Ich will alles besitzen, zu
jeder Zeit, allüberall.«[8] Und obwohl Bendrix Sarah ab-
göttisch liebt, quält er sie immer wieder. Und in seine
Liebe mischt sich Hass. Sarah muss am Ende ihres Lebens bekennen: »Lieber Gott, ich habe zu lieben versucht und habe alles so völlig verdorben.« Und sie spürt,

dass die Liebe zu Gott die eigentliche Bedingung dafür wäre, auch einen Menschen wirklich und echt lieben zu können. Sie betrachtet das Kreuz, das in ihrem Zimmer hängt, und spricht zu Christus: »Wenn ich dich lieben könnte, dann wüsste ich auch, wie man die andern lieben muss. ... Lehr mich lieben! Mein Schmerz bedrückt mich nicht. Ihr Schmerz ist es, den ich nicht ertragen kann. Lass meinen Schmerz fortdauern, aber heile sie von dem ihren. Lieber Gott, wenn du für eine Weile von deinem Kreuz herabsteigen und mich an deine Stelle treten lassen könntest! Wenn ich so leiden könnte wie du, dann würde ich auch so heilen können wie du!«[9] So taucht mitten im Scheitern menschlicher Liebe die Ahnung von einer anderen Liebe auf, von der Liebe Gottes zu uns und von unserer Liebe zu Gott. Wenn unsere Liebe nicht fixiert wäre auf die Menschen, die wir unbedingt für uns haben möchten, sondern in Gott ihren Grund hätte, dann wären wir fähig, einander zu lieben, ohne den andern für uns zu benutzen und ohne ihn ständig zu verletzen.

Die Weltliteratur kennt viele Liebestragödien. Da sind Tristan und Isolde, die in Liebe zueinander entbrannt sind und doch nicht zusammen kommen können, weil Isolde dem König Marke gehört. Gottfried von Straßburg hat diesen Liebesroman um 1210 gedichtet. Seitdem ist dieser Stoff immer wieder aufgegriffen worden, bis hin zu Richard Wagner. Dort, wo Macht herrscht, hat die Liebe keinen Platz. Wo der Mann einen Rechtsanspruch auf die Frau verficht, ist die Liebe ohne Chance. Da sind Romeo und Julia, die zwischen zwei verfeinde-

ten italienischen Familien aufgerieben werden und nur
den Ausweg über den gemeinsamen Tod finden. Wo
Konventionen das Sagen haben, bleibt der Liebe nur der
Ausweg in den Tod. Shakespeare hat in seinem berühmten Schauspiel die Nähe jeder großen Liebe zum Tod beschrieben. Für ihn ist die Liebe eine rätselhafte Him-
melsgabe, die trotz aller Dunkelheit und Brutalität derer,
die sie unterdrücken möchten, noch über den Tod trium-
phiert. Offensichtlich fühlt sich die Gesellschaft durch
die Liebe bedroht. Ihr ist die Einhaltung der Ordnung
wichtiger als die jede gesellschaftliche Struktur sprengende Kraft der Liebe. So werden die großen Liebenden
von Neidern und Zu-kurz-Gekommenen verfolgt und oft
genug in den Tod getrieben. Offensichtlich war es auch
die alle Gesetzesenge sprengende Liebe Jesu, die ihm
den Tod eingebracht hat. Jesus sieht als die eigentliche
Bedrohung der Menschheit, »dass die Liebe in vielen er-
kaltet« (Mt 24,12). Seine Liebe, die im Schmerz des
Kreuzes zur Vollendung kommt, ist bleibender Protest
gegen das Erkalten der Liebe.

Das Zerrinnen der Liebe

Die Liebe scheitert aber nicht nur, weil die Umgebung
sie nicht zulässt, sondern auch, weil sie in sich selbst
zerbricht. Viele Scheidungstragödien zeigen, wie leid-
voll Liebe enden kann. Da ist eine Frau, die zwar schon
zu Beginn ihrer Liebe die Verschlossenheit ihres Mannes

erkennt, die aber glaubt, sie könne ihn gesund lieben.
Und dann muss sie nach 25 Jahren erkennen, wie ihr
Mann sie immer wieder mit anderen Frauen betrogen
und sie nur als billige Putzfrau benutzt hat. Jetzt hat er
nichts mehr für sie übrig. Ja, er verletzt sie, indem er mit
seiner kriminellen Energie auch noch die finanzielle
Grundlage ihres Lebens zerstört. Sie hat an die Liebe geglaubt und hat alle ihre Kraft in sie hineingelegt. Und
jetzt steht sie vor dem Scherbenhaufen ihres Lebens. All
ihre Liebe wurde missbraucht. Sie selbst ist einer Illu-
sion erlegen. Es tut unendlich weh, sich das eingestehen
zu müssen.

Ein Phänomen, das viele Liebende erleiden, ist der
Umschlag von Verliebtsein in Ernüchterung, ja oft in
Entfremdung. Da schwören sich Verliebte ewige Treue.
Und schon ein paar Wochen später reiben sie sich so aneinander, dass die Gefühle versanden. Sie wundern sich,
dass da nichts mehr übrig geblieben ist von dem Hoch-
gefühl des Verliebtseins. Sie werfen dem andern vor,
dass er so anders geworden sei, dass nichts Liebenswer-
tes mehr an ihm sei. Sie können es sich einfach nicht erklären, dass die Liebe in ihnen zerronnen ist. Da muss
doch der andere daran schuld sein. Dass es auch mit der
eigenen Projektion zu tun haben könnte, weisen sie weit
von sich.

Aber solch ein schnelles Zerrinnen der Liebe offen-
bart meistens, dass man nur ein Bild des andern geliebt
hat, aber nicht den andern, so wie er wirklich ist. Wenn
das Bild zerbricht und der andere so erscheint, wie er

wirklich ist, verflüchtigt sich auch die Liebe, die dem Bild und nicht dem andern gegolten hat. Ernst Bloch meint zu diesem Phänomen: »Zu viel anfängliches Bild wird ungern Fleisch. Vor allem, wenn das Traumbild sich mehr von dem Liebhaber nährte, der es hatte, als vom Geliebten, dem es galt. Sehr romantische, sehr in die Märchenzeit der jungen Liebe verliebte, dazu wirklichkeitsschwache Seelen haben sich daher allgemein in Erfüllungsscheu, speziell in Ehehass hervorgetan.«[10] Die wahre Liebe verzichtet auf Bilder vom andern. Sie meint den andern, so wie er ist. So hat es Max Frisch in seinem Tagebuch beschrieben: »Es ist bemerkenswert, dass wir gerade von dem Menschen, den wir lieben, am mindesten aussagen können, wie er sei. Wir lieben ihn einfach. Eben darin besteht ja die Liebe, das Wunderbare an der Liebe, dass sie uns in der Schwebe des Lebendigen hält, in der Bereitschaft einem Menschen zu folgen in allen seinen möglichen Entfaltungen.«[11]

Viele wissen nicht, woher der Umschlag der Gefühle plötzlich kommt. Oft spüren sie nebeneinander positive und negative Gefühle dem andern gegenüber. Da ist einer verliebt und sehnt sich nach dem andern. Dann kommen auf einmal Zweifel, ob der andere wirklich treu ist und nur ihn liebt. Und schon nährt solcher Zweifel die Rachsucht. Da tauchen plötzlich Gedanken auf, wie man den andern verletzen könnte. Oft haben die Zweifel gar keinen realen Grund. Aber man denkt sich so vieles über den andern aus, dass man gar nicht mehr unterscheiden kann, ob das nun die eigenen Gedanken sind

oder ob sie der Realität entsprechen. Aber auch die Gedanken über das etwaige Verhalten des geliebten Menschen können auf einmal ärgerliche, wütende, depressive, eifersüchtige Gefühle hervorlocken, die die Liebe gefährden.

Es ist schon eigenartig, wie nahe liebende und hassende Gedanken und Gefühle nebeneinander liegen. Sie vermischen sich miteinander und zeigen, wie brüchig unsere Liebe ist. Manchmal denken wir uns dann aus, wie wir uns selbst verletzen, um den Geliebten zu verletzen, oder wie wir mit Worten in den Wunden des geliebten Menschen herumwühlen und sie immer weiter aufreißen. Wir wollen dem andern zeigen, dass wir auch ohne ihn leben können. Wir zeigen ihm die kalte Schulter, um ihn ratlos zurückzulassen. Aber wenn er daraus die Konsequenzen ziehen würde, wären wir tief beleidigt und verletzt.

Übertriebene Erwartungen an die Liebe

Ein anderer Grund, warum die Liebe so oft scheitert, sind übertriebene Erwartungen an den andern. C.G. Jung würde sagen, dass wir uns vom andern archetypische Vorstellungen machen, etwa die des Erlösers, des Befreiers. Oder wir fühlen uns selbst als Heiler und Helfer des andern, als Erlöser und Heiland. So hat es Stiller getan in dem gleichnamigen Roman von Max Frisch. Rolf wirft Stiller vor, er habe seine Frau zu seiner Lebensaufgabe

gemacht, er habe sie erlösen wollen: »Du als ihr Erlöser, ich sagte es schon, du wolltest es sein, der ihr das Leben gibt und die Freude. Du! In diesem Sinn hast du sie geliebt, gewiss, bis zum eignen Verbluten. Sie als dein Geschöpf. Und jetzt diese Angst, sie könnte dir sterben! Sie ist nicht geworden, was du dir erwartet hast. Ein unvollendetes Lebenswerk!«[12] Weil seine Frau sich nicht so entwickelt hat, wie Stiller das möchte, ist er mit seiner Liebe gescheitert. Und statt einander zu lieben, quälen sie sich gegenseitig. Ihre Liebe wird zu einem einzigen Leiden: »Du liebst, ohne das Geschöpf glücklich machen zu können, das du liebst. Das ist dein Leiden. Ein wirkliches Leiden, einmal abgesehen von aller unserer Eitelkeit, denn man möchte ja auch gerne ein bisschen Herrgott spielen, die Welt aus der Tasche ziehen, das Leben auf den Tisch zaubern. Und dann, – gewiss, möchte man selber glücklich dabei werden, wenn man liebt ...«[13] Die einzige Lösung, die Rolf dem Freund anbieten kann, ist, fair miteinander zusammen zu leben, ohne ständig den andern ändern zu wollen: »Ihr foltert euch nicht mehr Tag für Tag mit dieser irren Erwartung, dass wir einen Menschen verwandeln können, einen andern oder uns selbst, mit dieser hochmütigen Hoffnungslosigkeit. ... Ganz praktisch: ihr lernt beten füreinander.«[14] Es ist interessant, dass Max Frisch hier das Gebet für den andern als Weg zu wahrer Liebe empfiehlt. Aber indem wir für den andern beten, empfehlen wir ihn Gott und hören auf, selbst Gott für ihn zu spielen. Wir lösen uns von den archetypischen Bildern, die wir uns von unserer Liebe

35

gemacht haben, die aber allein Gott zustehen, vom Bild des Heilands und Erlösers, des Retters und Beglückers. Wir sagen einfach Ja zum andern, wie er ist, und halten ihn Gott hin, damit er in ihm sein wahres Heil finde und nicht in uns selbst.

Liebe und Eifersucht

Manche meinen, zu echter Liebe würde auch eine starke Eifersucht gehören. Aber Eifersucht ist immer ein Zeichen, dass ich den geliebten Menschen für mich besitzen möchte. Manchmal kann diese Eifersucht krankhaft werden. Da hält ein Mann seine Frau fest wie eine Gefangene. Sie hat nur für ihn da zu sein. Sie darf kaum aus dem Haus gehen. Sonst wird der Mann schon eifersüchtig. Eifersucht kann so stark werden, dass man den geliebten Menschen tötet. Das ist das Paradox, dass Liebe, die eigentlich Leben spendet, auch zu töten vermag. Eine Liebe, die besitzen will, die den andern kontrolliert und beherrscht, tötet den andern, auch wenn sie ihn nicht physisch umbringt. Aber in diesem Gefängnis von Kontrolle und Macht kann man einfach nicht mehr leben.

Viele leiden unter ihrer Eifersucht. Sie möchten die Eifersucht ablegen, sie möchten ihrer Partnerin oder ihrem Partner Freiheit lassen. Aber der Wille allein kann die Eifersucht nicht überwinden. Sie taucht unwillkürlich doch wieder auf. Dann hat es keinen Zweck, dem andern Vorwürfe zu machen. Oft weist die Eifersucht auf Verlust-

erfahrungen hin, auf Erlebnisse, wie das Vertrauen missbraucht oder gebrochen worden ist. Eine Frau war damit
einverstanden, dass eine Jugendfreundin ihres Freundes
zu Besuch kam. Aber als sie dann da war, hielt sie es einfach nicht mehr aus. Vom Verstand her war ihr völlig klar,
dass ihr Freund zu ihr steht und dass diese Jugendfreund-
schaft Vergangenheit war. Aber das half nicht gegen das
übermächtig starke Gefühl der Eifersucht, das sie einfach
überfiel, ohne dass sie es wollte. Hier will Eifersucht nicht
beherrschen. Hier ist sie einfach da. Sie kann die Liebe
auch verhindern. Aber wenn der Freund seiner eifersüch-
tigen Freundin keine Vorwürfe macht, sondern sie einfach
zu verstehen sucht, ohne zu bewerten, dann kann sich die
Eifersucht langsam in Vertrauen wandeln.

Es gibt aber auch gesunde Formen von Eifersucht. Da
hat eine Frau ein feines Gespür dafür, dass die Sekretärin
des Mannes ihn umflirtet, dass sie Botschaften aussen-
det, die mehr bedeuten als eine freundschaftliche Beziehung. Der Mann beteuert, dass er damit umgehen könne.
Aber in Wirklichkeit spielt er gerne den Charmeur. Er
möchte bei allen Frauen beliebt und von vielen bewundert werden. Er sieht seinen eigenen Anteil gar nicht. Er
nimmt nicht wahr, dass er den Frauen die Botschaft aus-
sendet: »Habt mich lieb. Ich werde es euch lohnen.«

Dass Liebe verletzen und töten kann, zeigen die vielen
Berichte von sexueller Gewalt in der Ehe und von sexu-
ellem Missbrauch von Kindern. Hier ist es eigentlich
keine Liebe, sondern ein Trieb, der sich verselbständigt,
der einfach befriedigt werden muss, weil Menschen un-

fähig sind, einen andern wirklich zu lieben. Hier werden andere als Objekt benutzt, um die eigene Sexualität ausleben zu können. Aber Sexualität hat hier nichts mehr mit Liebe zu tun. Sie ist ein so gewaltiger Trieb, dass er den Menschen total beherrscht. Die Liebe möchte sich in der Sexualität ausdrücken und kann gerade in der sexuellen Hingabe ihren Höhepunkt erleben. Aber wenn sich die Sexualität von der Liebe trennt, dann wird sie zu einem rohen Tier, das andere anfällt und tötet, ohne Rücksicht auf die Würde des andern, dann wird der Mensch zum reißenden Wolf. Es geschehen wohl auf keinem andern Gebiet so viele und so tiefe Verletzungen wie bei der Sexualität. Das gilt nicht nur für den Missbrauch von Kindern, der sie ein Leben lang schädigt. Auch in vielen Ehen werden Frauen vergewaltigt. Viele Männer sehen die Frau als ihren Besitz an. Sie meinen ein Recht darauf zu haben, mit ihr sexuell zu verkehren. Sie überspringen die Zärtlichkeit, mit der sie sich der Frau behutsam nähern könnten, und beschränken sich auf den sexuellen Akt. Es kümmert sie gar nicht, ob die Frau auch das Bedürfnis hat, mit dem Mann sexuell zu verkehren. Sie benutzen die Frau für sich, zur Befriedigung ihres Triebes oder zur eigenen Entspannung. Viele Frauen lassen den sexuellen Akt einfach über sich ergehen. Aber es geht ihnen nicht gut dabei. Sie verlieren dabei ihre Würde. Denn dort, wo sie am tiefsten verletzlich sind, im intimen Bereich der Sexualität, dort trampelt jemand auf ihnen herum, ohne sich die Mühe zu machen, sie als Person ernst zu nehmen.

In all den Liebesdramen und in allen Perversionen der
Sexualität, von denen uns die Weltliteratur kündet, steckt
eine tiefe Sehnsucht nach Liebe. Statt über die unvollkommene Liebe zu klagen, die so oft nach Bitterkeit,
Angst, Zwang, Gewalt und Tod schmeckt, sollen wir
vielmehr mit Thomas Merton daran glauben, »dass wir
im Konflikt und im Selbstwiderspruch einer unwahren
Liebe unseren Weg zu der wahren Liebe lernen können«.[15] Merton meint, wir würden die Liebe unterdrücken, wenn wir ihre negativen Kräfte wie Hass, Gier
und Eifersucht unterdrücken. Wir sollten auch in diesen
»bösen« Kräften die Liebe entdecken, die darin steckt.
Nur so könne sie sich wandeln und der wahren Liebe
Raum schaffen.

Jeder Mensch hat seine Erfahrungen mit Liebe. Jeder
hat schon einmal geliebt und ist geliebt worden. Und jeder hat dabei das Wunder der Liebe erfahren, aber häufig
genug auch das Scheitern, die Verwicklungen, in die ihn
die Liebe hineinführen kann. Offensichtlich ist die Liebe
eine der stärksten Kräfte im Menschen, zumindest eine
Kraft, an der niemand vorbeigehen kann. Und in allen
Erfahrungen von gelungener und gescheiterter Liebe
sehnt sich der Mensch nach wahrer Liebe, nach einer
Liebe, die nicht verletzt und zerstört, sondern belebt und
aufbaut, die nicht kontrolliert und einengt, sondern
freilässt und einen Raum des Lebens eröffnet. Letztlich
sehnt er sich nach der göttlichen Liebe, die ihn wahrhaft
in Freiheit leben lässt. Er sehnt sich danach, in allem,
was er ist, bedingungslos geliebt zu werden. Und das

kann offensichtlich ein anderer Mensch immer nur an-
satzweise. Bedingungslose und absolute Liebe ist Kennzeichen Gottes. Alles, was der Mensch an Liebe fertig
bringt, ist immer von Bedingungen abhängig und relativ.
Für Thomas Merton gilt: »Solange wir nur schwache
menschliche Wesen sind, die auf Erden und in der Zeit
leben, ist unsere Liebe zerrissen durch Selbstwiderspruch. Sie verweigert und verneint sich selbst. Nur
Gottes Liebe ist völlig rein.«[16] Nach dieser reinen Liebe
sehnt sich jeder, der die Verwicklungen der Liebe am eigenen Leib erfahren hat.

3. Die gekreuzigte Liebe Gottes

In meinem Exerzitientraum wurde mir der Auftrag gegeben, die Sehnsucht nach der göttlichen, nach der dreifaltigen Liebe Gottes zu wecken. In der Meditation erschien mir diese göttliche Liebe vor allem am Kreuz. Das mag manchen befremden, der im Kreuz vor allem die Folterqualen sieht, die Jesus da erleiden musste. Schon die Evangelisten haben versucht, die grausame Realität des Kreuzes umzudeuten. Das Johannesevangelium deutet den Tod Jesu am Kreuz als Vollendung seiner Liebe. Johannes beginnt seine Passionserzählung mit dem Satz: »Da er die Seinen, die in der Welt waren, liebte, erwies er ihnen seine Liebe bis zur Vollendung« (Joh 13,1).

In den drei Versen, in denen Johannes den Tod Jesu am Kreuz schildert, gebraucht er dreimal das Wort »Vollendung«, um anzudeuten, dass der Tod die Vollendung der Liebe war, die Jesus während seines Lebens den Menschen erwiesen hat (vgl. Joh 19, 28-30). Das griechische Wort, das mit »Vollendung« übersetzt wird, »telos«, stammt aus der Mysteriensprache und meint die

41

Einweihung in das Geheimnis Gottes. Für Johannes ist das Kreuz unsere Einweihung in das Geheimnis der göttlichen Liebe.

Wenn Johannes gerade im Kreuz die Liebe Jesu bis zur Vollendung erkennt, so vermutlich deshalb, weil er um die Einheit von Liebe und Schmerz weiß. Es gibt keine menschliche Liebe ohne Schmerz. Und offensichtlich kommt auch Gottes Liebe im Schmerz zur Vollendung. Wenn Gott den Menschen liebt, macht er sich damit selbst verwundbar. Das Kreuz symbolisiert beides: die Liebe Gottes zum Menschen und sein Leiden an seiner Verschlossenheit. Indem wir auf das Kreuz schauen, werden wir eingeweiht in das Geheimnis der göttlichen Liebe. Und wir erahnen am Kreuz, dass auch unsere Liebe zu Gott nicht ohne Schmerzen sein wird, dass wir dort, wo wir Gott lieben, an unserer Enge leiden. Wenn die Liebe uns für Gott aufbricht, tut es weh.

Jesus hat in seiner Liebe Menschen immer wieder berührt und umarmt. Er hat ihnen Nähe geschenkt. Sie fühlten sich in seiner Nähe wohl. Offensichtlich gingen von ihm eine Wärme und eine Liebe aus, die anderen vermittelte, dass sie ganz und gar angenommen sind, dass sie geliebte Söhne und Töchter Gottes sind. Das Kreuz ist für Johannes nicht Scheitern dieser Liebe, sondern Vollendung. Das wird für ihn schon in der Gebärde Jesu am Kreuz sichtbar. Am Kreuz öffnet Christus die Arme weit. Johannes sieht in diesen ausgebreiteten Armen nicht eine Gebärde des schmerzlichen Ringens, sondern eine Liebesgeste. Er sieht durch die Passion hin-

durch auf das eigentliche Geschehen, auf das Offenbar-
werden der Liebe Gottes in Jesus Christus. Jesus sagt
selber von dieser Gebärde: »Und ich, wenn ich über die
Erde erhöht bin, werde alle zu mir ziehen« (Joh 12,32).
Jesus breitet die Arme aus, um uns einzuladen, uns von
ihm umarmen zu lassen.

Die weit ausgebreiteten Arme bedeuten für mich noch
etwas anderes. Sie symbolisieren eine Liebe, die frei
lässt, die nicht festklammert, sondern mich in Freiheit
atmen lässt. Wenn ich mich selbst in der Kreuzgebärde
hinstelle, dann erahne ich etwas von dieser Liebe, die in
mir strömt und die weiter strömt in die Welt hinaus. Johannes interpretiert daher die Kreuzgebärde noch durch
das Bild des durchbohrten Herzens, aus dem Blut und
Wasser strömen, aus dem die menschgewordene Liebe
Gottes ausfließt zu uns Menschen hin.

Und es ist noch ein anderes Bild der Liebe, das am
Kreuz sichtbar wird. Jesus lässt sich ans Kreuz annageln.
Er sagt Ja zu seiner Enge. Er lässt sich in seiner Liebe für
immer binden, so stark binden, dass er daran stirbt. Die
gekreuzigte Liebe Gottes ist eine Liebe, die sich für uns
hingibt. In den Abschiedsreden sagt Jesus von dieser
Liebe: »Es gibt keine größere Liebe, als wenn einer sein
Leben für seine Freunde hingibt« (Joh 15,13). Vermutlich hat Johannes hier eine antike Regel für die Freundschaft aufgegriffen und auf die Liebe Jesu bezogen. Das
griechische Wort für »hingeben« kann man auch über-
setzen mit »sein Leben aufs Spiel setzen«. Jesus liebt
seine Freunde bedingungslos. Er lässt sich auch vom

Tod davon nicht abhalten. Das ist der Gipfel jeder Liebe, dass sie den andern bis in den Tod hinein liebt. Jesus liebt uns bis in den Tod, ja er liebt uns über den Tod hinaus. Wahre Liebe überwindet den Tod. Sie schafft eine Beziehung, die auch im Tod nicht zerstört werden kann.

Der französische Philosoph Gabriel Marcel hat diese todüberwindende Liebe beschrieben: »Es gibt keine menschliche Liebe, die diesen Namen verdiente, die nicht in den Augen dessen, der sie denkt, zugleich ein Unterpfand und einen Samen der Unsterblichkeit darstellte... Wer liebt, der sagt: Du, du wirst nicht sterben.«[17] Eine tiefe Liebe findet im Tod keine Grenze. Sie geht über den Tod hinaus. Das ist die Überzeugung des Evangelisten Johannes, der Jesus in den Abschiedsreden Worte der Liebe sagen lässt, die die Trennung von Himmel und Erde, von Leben und Tod aufheben, die eine den Tod überdauernde Beziehung zwischen Jesus und seinen Jüngern schaffen. Das ist auch die Überzeugung aller Liebenden. Sie sind überzeugt, dass sie sich in der Ewigkeit wieder sehen werden, dass sie dort erst das wahre Geheimnis ihrer Liebe erkennen werden. Aber das ist nicht nur Glaube, sondern entspricht auch der Erfahrung echter Liebe. Eine Frau erzählte mir, dass sie seit dem Tod ihres Mannes in vielen Zeichen seine Liebe um sich fühlt, dass er sie liebend weiter begleitet. Die Liebe wurde auch durch den Tod nicht zerstört, sie hat ihn überdauert. Und sie wird im Tod dieser Frau nicht verflüchtigt, sondern vielmehr vollendet.

Im Haus der Liebe wohnen

Das Zeichen der gekreuzigten Liebe ist das geöffnete
Herz. Jesus öffnet das Herz, damit wir alle mit unserer
Sehnsucht nach Liebe dort eintreten können. Er lässt
sich in seiner Liebe für uns verwunden. Und aus seinem
geöffneten Herzen strömt das Herzblut seiner Liebe.
Seine Liebe hält nicht fest, sondern sie verströmt für uns.
Sie eröffnet uns einen Raum, in dem wir leben können.
Jesus versteht seine Liebe wie ein Haus, in dem wir
wohnen können, wenn er uns auffordert: »Bleibt in meiner Liebe!« (Joh 15,9). Das ist ein eigenartiges Bild für
die Liebe. Die Liebe ist nicht nur ein Gefühl, das wieder
vergeht. Sie ist ein Raum, in dem man bleiben kann. Allerdings gibt Jesus auch die Voraussetzung für das Bleiben in der Liebe an: »Wenn ihr meine Gebote haltet,
werdet ihr in meiner Liebe bleiben« (Joh 15,10). Wir
können die Liebe Gottes nicht nur für uns genießen. Wir
müssen sie weiterfließen lassen zu den Menschen. Sonst
stockt sie. Und dann bricht der Raum der Liebe zusammen, in dem es sich so gut wohnen lässt.

Jesu Liebe nimmt nicht, wie es unsere oft genug tut,
sondern sie gibt. Sie ist reines Geben. Nach so einer
Liebe, die loslässt und sich hingibt, die für uns stirbt und
für uns grenzenlos strömt, sehnen wir uns in der Tiefe
unseres Herzens. Wir spüren angesichts des gekreuzigten Christus, dass wir unfähig sind zu wahrer Liebe. Unsere Liebe vermischt sich oft mit dem Wunsch, den andern für uns haben, ihn besitzen zu können. Wir wollen

ihn festhalten, damit er uns nie mehr verlässt. Und wir merken nicht, wie wir ihm die Luft zum Atmen nehmen, wie wir ihm die Möglichkeit rauben, sich weiter zu entwickeln, ganz er selbst zu werden. Wir wollen den Geliebten oft selber formen und ihn in die Gestalt hinein zwängen, die uns liebenswert erscheint. So drückt es die griechische Sage von Pygmalion aus, der sich eine elfenbeinerne Frau schuf, weil er mit keiner Frau zufrieden war.[18] Der Partner darf nicht selbständig werden. Er muss unser Geschöpf bleiben. Die Kreuzgebärde drückt das Gegenteil aus: Sie lässt uns frei, sie lädt uns ein, uns umarmen zu lassen, aber sie lässt uns auch los, damit wir in Freiheit unseren eigenen Weg gehen.

Als ich meine eigene Unfähigkeit, wirklich zu lieben, im Gebet unter dem Kreuz zuließ und auf die gekreuzigte Liebe Christi schaute, überkam mich ein tiefer Friede. Und ich spürte, dass ich mich im Tiefsten nach so einer Liebe sehne. Alle menschliche Liebe ist immer auch zwiespältig. Sie kann faszinieren, aber auch das Herz in Trauer zerreißen. Sie kann verzaubern, aber sie kann uns auch beherrschen, ja fast besessen machen. Sie bewundert und sie hasst. Sie heilt, und im nächsten Augenblick verletzt sie bewusst. Es gibt so viele Arten unbefriedigter Liebe. Ernesto Cardenal hat sie beschrieben: »Da sind die, die auf eine Liebe warten, welche nie eintrifft. Da gibt es andere, die an der Bitterkeit einer verschmähten Liebe leiden. Es gibt verbotene Liebe oder unmögliche Liebe oder verlorene Liebe. Es gibt auch die fade Traurigkeit einer befriedigten Liebe, die doch nicht ausfüllt.«[19] Ich habe nicht nur

das Glück der Liebe erlebt, sondern oft genug auch Enttäuschung, Verletzung, meine Unfähigkeit, wirklich zu lieben. Ich habe meine Bedürftigkeit nach einer bedingungslosen Liebe schmerzlich wahrgenommen, nach einer Liebe, in die ich mich voll Vertrauen fallen lassen kann. In der Liebe Christi am Kreuz habe ich etwas von dieser bedingungslosen Liebe zu mir erfahren. Da spüre ich, dass ich ganz und gar bejaht bin. Es gibt nichts, was in mir nicht berührt wird von dieser Liebe Christi. Aber ich merkte auch, dass ich diese Liebe nur dann richtig verstehen konnte, wenn ich sie als Zusage für meine konkrete Situation verstand. Ich habe ja oft genug in vielen Predigten davon gehört, dass Christus uns liebt, dass er aus Liebe zu uns gestorben ist. Aber das war für mich abstrakt und leer. Das hat mich nicht berührt. Es berührt mich erst, wenn ich die Zusage der Liebe bewusst hineinspreche in meine eigenen Versuche, zu lieben, in mein eigenes Scheitern in der Liebe, in meine rachsüchtigen Gedanken, in meine verletzenden Worte, die den andern kränken wollen, obwohl ich ihn liebe. Das war wohl der Sinn der Worte in meinem Initialtraum, dass ich es behutsam anfangen müsse, in den Menschen die Sehnsucht nach der Liebe zu wecken. Wenn ich zu schnell von der Liebe schreibe, werden es platte Worte, die man überall lesen kann, die aber keinen mehr berühren, weil wir sie schon zu oft gehört haben.

Du bist mein geliebter Sohn, meine geliebte Tochter

Ein Versuch, mir die Liebe Gottes bewusst zu machen,
war für mich die Meditation der Taufe Jesu (Lk 3,21f).
Jesus steigt in den Jordan hinab, in das Wasser, das von
der Schuld der vielen Menschen erfüllt ist, die sich im
Jordan von Johannes taufen ließen. Indem er hinabsteigt,
öffnet sich über ihm der Himmel. Und Gott sagt ihm zu:
»Du bist mein geliebter Sohn, an dir habe ich Gefallen
gefunden.« Auch dieses Wort, dass wir Gottes geliebte
Söhne und Töchter sind, hören wir heute zur Genüge in
spirituellen Betrachtungen. Aber meistens gehen diese
Worte an uns vorbei. Sie sind richtig, aber sie bewirken
nichts. Es ist immer ein Geschenk, wenn diese Worte das
Herz so erreichen, dass es sich wirklich geliebt und
durch die Liebe geheilt und verwandelt fühlt.

Eine Frau, die starke Selbstzweifel hatte und sich immer wieder selbst entwertete, erzählte mir, dass sie nie
daran glauben konnte, dass Gott sie wirklich liebe, auch
wenn sie das in vielen Schriften gelesen hatte. Aber als
ein einfacher Dorfpriester in seiner Predigt davon
sprach, dass Gott jeden Einzelnen bedingungslos liebt,
da traf es sie ins Herz. Und sie fühlte sich von ihren
Selbstentwertungen geheilt. Wir müssen uns das Geliebtsein einander zusprechen, damit wir daran glauben
können. Oft hilft es nichts, wenn wir es uns nur selber
einreden.

Ich habe in der Meditation die Wirklichkeit dieser
Liebe erfahren, als ich das Wort »Du bist mein geliebter

Sohn« bewusst hineinsprach in meine Angst, in meine Dunkelheit, in mein Versagen, in meine Durchschnittlichkeit, in meine Lebenslüge. Ich habe versucht, in das Wasser meines Unbewussten hinabzusteigen, in das Schattenreich, in das ich alles hinein verdrängt habe, was das Licht des Tages scheut, was ich bei Tage nicht gerne anschauen möchte. Für mich ist das ein schönes Bild für die Taufe Jesu, dass der Himmel sich gerade dann öffnete, als er in die Tiefe des Jordans hinabstieg. Der Himmel will sich auch über den Abgründen meiner Psyche öffnen. Aber ich muss den Mut aufbringen, in diese inneren Abgründe hinabzusteigen, um dort in der Tiefe das Wort mit einem neuen Klang zu vernehmen: »Du bist mein geliebter Sohn.« »Du bist meine geliebte Tochter.« Erst als ich das Wort, dass ich geliebter Sohn bin, in mein konkretes Leben hinein gesprochen habe, hat es mich im Tiefsten angerührt und mir inneren Frieden geschenkt. Alles Reden über die Liebe Gottes geht an uns vorbei, wenn es nicht in die Erfahrungen unseres Alltags hineinreicht. Das scheint mir die Mahnung in meinem Traum zu sagen: »Führe die Menschen behutsam an die Liebe des dreifaltigen Gottes heran!«

Jesus steigt hinab in die Fluten der Schuld, in das Unbewusste, in das Triebhafte, in die Elemente der Erde, wie es die Ikonen immer darstellen. Indem er hinabsteigt, betet er so intensiv, dass der Himmel sich über ihm öffnet, dass das Eigentliche durchbricht und das Licht Gottes über ihm leuchtet. Das ist auch eine tiefe Sehnsucht in mir, so beten zu können, dass sich über mir

der Himmel öffnet, dass Gottes Liebe hineinstrahlt in die Tiefen meines Unbewussten, in die Abgründe meiner Schuld. Und ich sehne mich danach, auch für andere Menschen so beten zu können, dass sich über ihnen der Himmel öffnet. Oft genug erleben Menschen den Himmel über sich verhangen und verschlossen. Sie fühlen sich abgeschnitten von Gott. Eine dunkle Wolkenschicht verdeckt ihnen den Blick auf die göttliche Sonne der Liebe. Beten heißt, den Himmel über den Menschen zu öffnen, damit sie die Beziehung zu Gott erfahren dürfen als ihr eigentliches Heil.

Aus dem offenen Himmel hört Jesus die Stimme Gottes, die ihm gilt: »Du bist mein geliebter Sohn. An dir habe ich Gefallen gefunden« (Mk 1,11). Das ist auch meine tiefste Sehnsucht, Gottes geliebter Sohn zu sein, nicht nur von Menschen geachtet, bewundert und geliebt zu werden, sondern von Gott, dem Urgrund allen Seins, dem Schöpfer der Welt. Für viele ist die Liebe Gottes ein billiger Trost, wenn sie von Menschen keine Liebe erfahren. Aber wenn ich mich nur mit Gottes Liebe tröste, weil ich keinen Menschen liebe und von niemandem geliebt werde, dann wird die Liebe in mir wirkungslos bleiben. Sie wird mich nicht in meinem Herzen treffen. Doch auf der andern Seite darf ich die Erfahrung der Liebe Gottes auch nicht ausschließlich an die Erfahrung menschlicher Liebe binden. Denn dann würde ich die menschliche Vermittlung dieser Liebe verabsolutieren. Und ich werde wieder abhängig von einem Menschen, da ich mich von Gott nur dann geliebt fühle, wenn dieser

Mensch mich liebt. Ich merke gar nicht, wie ich meine eigenen Projektionen in die Erfahrung der Liebe hineinmische. Was ist da Gotteserfahrung und was ist nur Überhöhung einer rein menschlichen Erfahrung? Wenn ich mich völlig abhängig mache von einem Menschen, dann ist das gegen meine Würde. Die Liebe Gottes wird zwar oft durch Menschen vermittelt. Aber sie geht über sie hinaus. Und sie ist auch unmittelbar erfahrbar. Sie ist auch unabhängig von diesem oder jenem Menschen. Die Erfahrung der göttlichen Liebe befreit mich von der Fixierung auf einen Menschen, vom Festklammern an seiner Liebe, von den übertriebenen Erwartungen, die ich an ihn habe. Der andere kann mir diese Liebe vermitteln. Aber er ist nicht die göttliche Liebe.

Was die Liebe Gottes in mir auslösen kann, verstehe ich erst, wenn ich meine eigenen Erfahrungen von Liebe und Geliebtwerden durch Menschen anschaue, meine Erfahrungen von gelungener und gescheiterter Liebe, meine tiefste Sehnsucht nach umfassender und bedingungsloser Liebe. Und die Liebe Gottes kann mich nur dann verzaubern, wie es die Liebe eines Menschen vermag, wenn ich mich dieser Liebe aussetze. Mir hilft es, diese Liebe zu spüren, wenn ich mich in die Sonne setze, mich ganz und gar von Gottes wärmender Liebe eingehüllt weiß. So wie die Sonne die Haut wärmt und dann den ganzen Leib durchdringt, so will Gottes Liebe in alle Poren meines Leibes einfallen. Gottes Liebe ist nicht etwas rein Gedankliches. Sie ist erfahrbar, gerade in der Schöpfung, gerade in der Sonne, die mich durchstrahlt,

oder im Wind, der mich zärtlich streichelt. Gottes Liebe braucht genauso wie die menschliche Liebe Gesten der Zärtlichkeit. So eine zärtliche Geste ist für mich der Wind, der zart über meine Haut streicht, die Blume, die mich anblickt, die Sonne, die mich wärmt, das milde Abendlicht, das alles in eine barmherzige Beleuchtung hüllt. Sonne und Wind allein können diese Erfahrung der göttlichen Liebe nicht wecken. Aber wenn ich an diese Liebe glaube, kann ein warmer Sonnenstrahl mir diese Liebe vermitteln, wenn ich mich mit allen Sinnen der Sonne und dem Wind aussetze und mich darin von Gott selbst berühren lasse.

Liebe angesichts des Todes

Das Wort, dass wir geliebte Söhne und Töchter Gottes sind, erweist erst dann seine verwandelnde Kraft, wenn es in alle Situationen unseres Lebens hineinwirkt, gerade auch in Situationen des Leidens und Sterbens. Das wird mir deutlich, wenn ich Menschen betrachte wie Edith Stein, Alfred Delp oder Dietrich Bonhoeffer. Gerade angesichts des Todes haben sie daran geglaubt, dass sie von Gottes Liebe getragen sind. Das hat ihnen das Vertrauen ermöglicht, die grausamen Verhöre und die Leiden der Kerkerhaft durchzuhalten, ohne zu verzweifeln. Die Gewissheit, dass sie Gottes geliebte Söhne und Töchter sind, hat ihnen inmitten einer unmenschlichen Atmosphäre die Kraft geschenkt, heiter und gelassen zu blei-

ben, sich nicht einschüchtern zu lassen von den Drohungen ihrer Schergen. Von dieser Liebe angerührt, haben sie das dunkle Tor des Todes durchschritten, in der Gewissheit, dass diese Liebe auch durch den Tod nicht vernichtet werden kann. Das Wort von der Liebe Gottes ist nicht etwas, an dem wir uns nur in frommen Betrachtungen erbauen sollten, sondern es will unser Leben verwandeln, es will gerade dort, wo wir gefährdet und angefochten sind, den Himmel über uns öffnen.

Liebe als Heilung meiner Süchte

Ich könnte das Wort von der Liebe Gottes hineinsprechen in meine Süchte. Da ist die Esssucht. Oft genug sehnen sich Menschen, die ihre innere Leere mit Essen zustopfen, nach Liebe. Essen kann für manche zum Liebesersatz werden. Aber auch die Magersüchtige kreist um das Thema Liebe. Sie zweifelt daran, dass jemand sie lieben könne. Und deshalb bestraft sie sich selbst. Auf der einen Seite sehnt sie sich danach, geliebt zu werden. Auf der andern Seite hat sie Angst davor. Viele verurteilen sich wegen ihrer Essprobleme und verachten sich selbst. Die Selbstverachtung begegnet mir in der geistlichen Begleitung immer häufiger. Sie ist die Ursache vieler psychischer Probleme. Sich mitten in der Selbstverachtung zu vergewissern, dass ich Gottes geliebter Sohn oder geliebte Tochter bin, ist nicht so einfach. Zu stark ist die Blockade der Selbstverachtung, als

dass die Worte der Liebe da hineindringen könnten. Zugleich spüre ich, dass ich als geistlicher Begleiter diese übergroße Sehnsucht nach Liebe gar nicht stillen kann. Wenn ich meine, ich könnte ihnen die Liebe zeigen, nach der sie sich sehnen, werde ich weder ihnen noch mir selbst gerecht. Es entstehen dann heillose Verwicklungen. Ich habe mich mit einem archetypischen Bild identifiziert, mit dem Bild des Heilers, und bin dadurch blind für meine eigenen Bedürfnisse nach Lieben und Geliebtwerden. Ich kann die Ratsuchenden nur behutsam an die Liebe Gottes heranführen, indem ich sie ermutige, ihrer Sehnsucht nach Liebe zu trauen und in diese Sehnsucht die Zusage ihrer Taufe hineinzusagen: »Du bist mein geliebter Sohn, du bist meine geliebte Tochter.« Ich habe in der Begleitung erlebt, dass die Erfahrung der Liebe Gottes die Esssucht oder Magersucht gestoppt hat. Allerdings bedarf es dann einer harten und mühevollen Arbeit, um die alten Muster und Zwänge der Sucht aufzubrechen. Die Erfahrung der göttlichen Liebe muss von der oberflächlichen Euphorie in die Niederungen der süchtigen Struktur hinabsteigen. Nur dann wird die Sucht auf Dauer geheilt. Andernfalls würde es beim Schwärmen über die Liebe bleiben, die aber nicht in die psychische Realität eingreift und sie daher auch nicht zu heilen vermag.

Viele identifizieren ihre Sehnsucht nach Liebe mit der Sehnsucht, sich in der sexuellen Vereinigung ganz hingeben zu können. Wenn sie von Liebe sprechen, meinen sie Sexualität. Auch wenn Menschen ständig um ihre Se-

xualität kreisen, ist es letztlich Ausdruck ihrer unstillbaren Sehnsucht nach Liebe. Es ist oft genug unvollkommene Liebe. Aber es ist auch Liebe. Da malt sich ein junger Mann in seinen sexuellen Phantasien aus, dass er von der Frau, die er liebt, bis in alle Fasern seines Leibes hinein angenommen und geliebt wird. Oder eine Frau stellt sich vor, wie ein Mann sie ganz und gar begehrt, wie er alles gibt, um mit ihr eins zu werden. In solchen Phantasien sehnen sich Menschen danach, sich selbst vergessen zu können, von der Liebe verzaubert zu werden, sich in der Ekstase der Liebe selbst zu übersteigen und sich in die Arme des Geliebten fallen zu lassen. Oft überfordern unsere Sehnsüchte die Sexualität. Wir erwarten von ihr alles und erleben doch immer wieder, dass weder die Selbstbefriedigung noch häufige sexuelle Kontakte unsere tiefste Sehnsucht nach Liebe zu stillen vermögen. Wenn sich Menschen ihre sexuellen Phantasien verbieten, werden sie immer wieder in ihnen auftauchen. Statt sie abzuschneiden wäre es gut, sie zu Ende zu denken, mit der Sehnsucht in Berührung zu kommen, die darin steckt. Dann werde ich spüren, dass meine Sehnsucht noch weiter geht, dass sie letztlich auf eine absolute Liebe zielt, in die ich eintauchen kann, mit der ich verschmelzen kann. Und diese absolute Liebe kann nicht die Liebe eines Menschen sein, sondern allein Gottes Liebe.

Neulich erzählte mir eine junge Frau, dass sie schon mit 16 Jahren mit ihrem Freund schlief, weil sie ihn nicht verlieren wollte. Aber allmählich hörten die Zärt-

lichkeiten immer mehr auf, und alles konzentrierte sich nur noch auf die Sexualität. Die Sexualität war nicht mehr höchster Ausdruck der Liebe, sondern Selbstzweck. Die Liebe zerrann. Die Frau ließ den sexuellen Akt über sich ergehen, ohne dabei noch Liebe zu empfinden. Im Gegenteil, sie fühlte sich benutzt. Oft genug stieg Ekel in ihr hoch. Diese Erfahrung steht für viele. Menschen erwarten von der Sexualität die Erfüllung ihrer Liebe, aber oft genug erleben sie gerade deren Entleerung. Und doch kommen sie nicht los von ihrem Kreisen um die Sexualität. Trotz aller Enttäuschungen ist in ihnen eine unstillbare Sehnsucht nach Liebe. Statt diese Menschen zu verurteilen, wäre es hilfreicher, ihre Sehnsucht nach Liebe ernst zu nehmen und sie zugleich weiter zu führen: Ich verstehe deine Sehnsucht nach Liebe. Aber du brauchst die Liebe nicht in deiner Selbstbefriedigung aus dir herauszupressen, du brauchst keine Frau zu erobern, um dir zu beweisen, dass du liebenswert bist. Die Liebe ist schon da. Du bist schon ganz und gar geliebt. Lass Gottes Liebe in deinen Leib hinein. Spüre sie in deiner Haut. Freue dich an deinem Leib, an deiner Schönheit, an deiner Sehnsucht nach Liebe, an deiner Fähigkeit zu lieben. Sie macht dich erst zum Menschen.

Die dritte große Sucht ist die Habsucht, die Sucht, immer mehr haben zu müssen. Sie ist immer Ausdruck davon, dass ich zu wenig Liebe erfahren habe. Wenn ihre Kinder stehlen, erschrecken die Eltern. Sie tun sich schwer, den Hintergrund zu begreifen: Die Kinder nehmen sich das, was sie nicht bekommen haben. Sie haben

sich zu wenig geliebt gefühlt. Sie haben das Gefühl, zu kurz gekommen zu sein. Jetzt holen sie ihr Bedürfnis nach Zuwendung und Liebe nach, indem sie sich alles nehmen, was sie anzieht. Viele müssen sich ständig etwas kaufen. Sie möchten sich damit letztlich die Liebe erkaufen. Aber sie spüren zugleich, dass es nicht geht. Andere meinen, sie würden sich im Kaufen etwas gönnen, sie würden gut mit sich umgehen. Das kann durchaus sein. Aber wenn ihr Kaufen zu einer Kaufsucht wird, tun sie sich nichts Gutes an. Sie werden von ihrer Sucht getrieben. Jede Sucht ist letztlich Sehnsucht nach Liebe, ob das die Spielsucht, die Arbeitssucht oder die Drogensucht ist. Der Spieler möchte endlich wissen, dass er vom Schicksal geliebt wird. Ein erfolgreiches Spiel würde ihm seine Frage nach Liebe beantworten. Der Arbeitssüchtige kreist um seinen Erfolg. Arbeit ist die einzige Weise, in der er seine Sehnsucht nach Liebe ausdrücken kann. Die Sucht nach Anerkennung und Bestätigung kann sich auch noch anders zeigen, etwa in der Sucht, ständig im Mittelpunkt zu stehen, alle Aufmerksamkeit auf sich zu ziehen, seine eigenen Großtaten ins rechte Licht zu rücken. Diese Ruhmsucht ist nur eine Spielart der Sehnsucht nach Liebe. Denn in der Liebe geht es ja darum, dass einer zu mir sagt: »Wunderbar, dass du da bist, dass du auf der Welt bist, dass es dich gibt.«[20] Wenn es keinen gibt, der mir das liebevoll zusagt, dann suche ich ständig aufzufallen, damit mich doch endlich jemand einzigartig findet. In der Ruhmsucht steckt letztlich die Sehnsucht, dass einer mich

durch seine Liebe voll und ganz bejaht, dass ich mich durch die Liebe eines andern und durch die Liebe Gottes als einzigartig erfahren darf. Von Ladislaut Grünhut stammt das Wort: »So mich aber Gott liebt, weil ich es bin, so bin ich wahrhaft unersetzbar in der Welt.«[21]

Der Drogensüchtige möchte immer im Schoß der mütterlichen Liebe bleiben, weil er sich außerhalb des Mutterschoßes verloren fühlt, ungeliebt, einsam, leer. Statt die Süchtigen zu verurteilen, sollten wir in der geistlichen Begleitung mit ihrer Sehnsucht nach Liebe in Berührung kommen. Und wir können sie ermutigen, ihrer Sehnsucht zu trauen, aber zugleich das Unrealistische in ihrer Art zu erkennen, wie sie sich ihre Sehnsucht erfüllen möchten. Wenn wir in diese Sehnsucht hinein ganz behutsam und vorsichtig von der Liebe Gottes sprechen, kann es sein, dass sich in ihrem Herzen etwas rührt, dass sie sich verstanden fühlen. Damit ist die Sucht noch lange nicht geheilt. Denn es bedarf auch einer klaren Disziplin und eines konsequenten Übungsweges, um davon frei zu werden. Aber zugleich braucht es ein Ziel, warum einer frei werden möchte von seiner Sucht. Und das kann nur die Liebe sein, die auf andere Weise erfahren werden kann. Es geht um die Fähigkeit, Menschen zu lieben und die Liebe von Menschen zuzulassen. Und es geht um die Erfahrung von einer unzerstörbaren Liebe, einer Liebe, die ein solides Fundament für das Leben bedeutet, der Liebe Gottes, auf die wir uns verlassen können, auch wenn wir sie nicht immer spüren.

Henry Nouwen beschreibt, wie viele Menschen heute im Haus der Angst wohnen. Sie haben Angst vor Menschen, denen sie Macht über sich eingeräumt haben. »Es gibt so viele angstvolle Kinder, angstvolle Studenten, angstvolle Patienten, angstvolle Arbeitnehmer, angstvolle Eltern, angstvolle Priester und angstvolle Gläubige. Fast immer steht hinter ihnen eine drohende Gestalt und hält sie unter Kontrolle: ein Vater, ein Lehrer, ein Arzt, ein Chef, ein Bischof, eine Kirche, ja auch Gott.«[22] Demgegenüber verheißt uns Jesus, dass wir im Haus der Liebe wohnen sollen. Die Liebe ist stärker als die Angst. »Vollkommene Liebe vertreibt alle Angst« (1 Joh 4,18). Im Haus der Liebe gibt es keine Angst.

Unsere Situation ist oft wie die der Jünger im Boot. Wir haben Angst, unterzugehen in den Wellen und Wogen unseres stürmischen Lebens. Wir fühlen uns machtlos gegenüber den Stürmen, in die wir hineingeraten. Als die Jünger vor Angst schreien, spricht Jesus zu ihnen: »Habt Vertrauen, ich bin es; fürchtet euch nicht!« (Mt 14,27). Seine liebende Gegenwart ist Grund genug, dass die Jünger keine Angst mehr zu haben brauchen. Das Wort »Ich bin es« bezieht sich auf die Gottesoffenbarung am brennenden Dornbusch. Gott ist der »Ich bin da«. In diesem Wort Jesu klingt daher mit: »Ich bin für dich da. Ich helfe dir. Du bist für mich wichtig. Du darfst sein.« Es ist ein Wort der Liebe, das mir den Eintritt ins Haus der Liebe ermöglicht. All die angstvollen Menschen sehnen sich heute danach, aus dem Haus der Angst in das Haus der Liebe treten zu dürfen. Wir müs-

sen die Botschaft Jesu nur so in ihre Angst hineinsprechen, dass sie sich eingeladen fühlen, in das Haus der
Liebe zu kommen.

4. Menschliche und göttliche Liebe

Im 1. Johannesbrief heißt es: »Die Liebe ist aus Gott, und jeder, der liebt, stammt von Gott und erkennt Gott. Wer nicht liebt, hat Gott nicht erkannt; denn Gott ist die Liebe« (1 Joh 4,7f). Hier wird in einer absoluten Weise von der Liebe gesprochen. Da heißt es nicht, dass wir Gott lieben oder dass Gott uns liebt, sondern dass Gott in sich Liebe ist. Die Liebe ist ohne Objekt. Sie ist einfach da. Das ist auch eine Sehnsucht, die wir alle haben, dass wir einfach Liebe sind. Es gibt solche Menschen, denen man an ihren Augen ansieht, dass sie voller Liebe sind, dass sie ganz und gar durchlässig sind für die göttliche Liebe. Da begegne ich einem alten Mann, der offensichtlich viel durchgemacht hat, aber nicht bitter geworden ist. Aus seinen Augen strömt etwas Warmes, Liebevolles. Da spreche ich mit einer einfachen Frau, der man Unrecht getan hat. Sie hat ein liebes Gesicht. Diese Menschen sind nicht verliebt in einen andern, sie strahlen in ihrem ganzen Dasein Liebe aus. Ihre Liebe gilt jedem Menschen, dem sie begegnen. Sie können sich jedem mit ungeteiltem Wohlwollen zuwenden. Ihre

Liebe gilt den Tieren, den Pflanzen, einer Statue, einem Bild, der Musik. Sie gilt jedem Augenblick. In ihrer Nähe fühlt man sich wohl.

Sie strahlen Liebe aus. Ihre Hände haben etwas Zärtliches an sich. Man kann es nicht genau beschreiben, was da in uns vorgeht, wenn wir solchen Menschen begegnen. Aber irgendwie fühlen wir uns angenommen, ernst genommen, geachtet, geliebt. Unser Herz taut auf. Wir fühlen uns frei. Wir müssen nichts mehr verbergen. Wir dürfen so sein, wie wir sind. Ihre Augen sind eine Einladung, einfach zu sein.

In meinem Zimmer hängt eine Ikone des heiligen Nikolaus. Vor ihr meditiere ich jeden Tag. Der heilige Nikolaus strahlt in seinem ganzen Wesen Liebe aus. Er ist von der Liebe völlig durchdrungen. Die Legende hat Nikolaus als den großen Liebenden beschrieben. Er hilft den Menschen in Not, er nähert sich denen, die verzweifelt sind. Er tritt für die ein, die nicht mehr weiter wissen. Die Ikone drückt die Liebe nicht dadurch aus, dass sie auf die Geschichten der Legende zurückgreift, sondern indem sie die Liebe im Gesicht des Heiligen aufleuchten lässt. Sein Gesicht ist Liebe. Aus jeder Pore strömt mir Liebe entgegen. So möchte ich auch lieben können, dass meine Augen Liebe ausstrahlen, dass man an meinen Gesichtszügen die Liebe ablesen kann, dass in meiner Körperhaltung, in der Aura meines Leibes Liebe zu spüren ist. Ich weiß aber ganz genau, dass ich diese Ausstrahlung nicht machen kann. Sie ist vielmehr Ausdruck dafür, dass ich mich für Gottes Liebe geöffnet

habe, dass ich alles, was in mir ist, in Gottes Liebe hi-
neingehalten habe. Wenn ich in mir nichts verdränge,
sondern alles der Liebe Gottes aussetze, dann kann ich
in Berührung kommen mit der inneren Quelle der göttlichen Liebe, die nie versiegt.

Die göttliche Quelle der Liebe

Von dieser nie versiegenden Quelle spricht Johannes in
der Geschichte von der Hochzeit zu Kana (Joh 2,1-12).
Unser Wein, unser Versuch, zu lieben, kommt sehr
schnell an sein Ende. Wir können für unsere Emotionen
nicht garantieren. Irgendwann verflüchtigen sich unsere
Gefühle der Liebe. Dann meinen wir, wir würden den
andern gar nicht mehr lieben. Das geht vielen Eheleuten
so, die verwundert vor dem Versiegen ihrer Liebe stehen.
So geht es auch dem Ehepaar, das die Hochzeit in Kana
feiert. Ihnen geht der Wein, geht ihre Liebe aus, schon
am dritten Tag haben sie keinen Wein und keine Liebe
mehr. Da verwandelt Jesus sechs Krüge Wasser zu Wein,
so dass der Wein nicht mehr ausgeht. Sechs ist die Zahl
der Unvollkommenheit. Und die steinernen Krüge weisen hin auf das Verhärtete und Versteinerte in uns. Jesus
zeigt den Brautleuten mitten in ihrer Unfähigkeit, wirklich zu lieben, und mitten in ihren Verhärtungen und
Blockaden eine andere Quelle der Liebe, die göttliche
Quelle, die niemals aufhört zu sprudeln. Jesus spricht
sein Wort der Liebe in das Schalgewordene und Gefühl-

lose, in das Unvollkommene und Verhärtete in uns hinein. Wenn wir seinem Wort trauen, kann es auch in uns alles zur Liebe verwandeln. Auf einmal können wir mit unseren Stärken und unseren Schwächen, mit unseren Unvollkommenheiten und Fehlern, mit unseren Verkrampfungen und Versteinerungen lieben. Alles in uns kann die göttliche Liebe ausstrahlen, so dass sich um uns das Fest des Lebens entfalten kann.

Liebe sein

Zweimal war ich auf dem Berg Athos. Ich erinnere mich noch gerne an den ersten Aufenthalt vor zwanzig Jahren. Da begrüßte mich und meinen Bruder in Simonos Petras der alte Gastpater. Wir verstanden nichts von dem, was er sprach. Aber die Hände, die er uns reichte, waren so weich und feinfühlig, dass sie Liebe schenkten. Und seine Augen strahlten Wärme aus, so dass wir uns sofort daheim fühlten. Da ahnte ich, wie sich ein Mensch verwandeln kann, wenn er von Gottes Liebe ganz und gar durchdrungen wird. Wenn ich nach solchen Menschen Ausschau halte, die reine Liebe sind, dann kommt mir auch eine alte Bauersfrau in den Sinn, in deren Gesicht man Liebe und barmherzige Milde ablesen konnte. Sie war durch viele Höhen- und Tiefenerfahrungen gegangen. Sie sagte nicht viel. Aber aus ihrem ganzen Sein leuchtete eine Liebe, die alle Poren ihres Leibes durchdrungen hatte. Aus solchen Menschen strömt eine Liebe,

die alles verbindet, Gott, Mensch und Schöpfung. Sie sind einverstanden mit sich und ihrem Leben. Sie lieben sich selbst und wissen sich zutiefst von Gott geliebt. Sie lassen ihre Liebe zu allem fließen, was ihnen begegnet, zu den Menschen, aber auch zu den Tieren und zu den Dingen, die sie liebevoll berühren.

Vermutlich werden Sie in Ihrer Umgebung auch solche Menschen ausfindig machen, die in ihrem ganzen Wesen von Liebe erfüllt sind. In ihrer Nähe fühlen Sie sich daheim, angenommen, geliebt. Aber was ist das, das von diesen Menschen ausströmt? Wenn wir versuchen, das, was wir Liebe nennen, genauer zu definieren, tun wir uns schwer. Wir können nur beschreiben, dass Liebe offensichtlich eine eigene Qualität des Fühlens, Sprechens und Handelns ist, eine Kraft, die von uns ausgeht, eine Ausstrahlung. In ihr ist die Qualität von Milde, Güte, Zärtlichkeit, Freundlichkeit, Sanftmut, Freude. Letztlich sind in der Liebe all die Früchte des Geistes vereinigt, die Paulus im Galaterbrief aufzählt (Gal 5,22f).

Erfahrung menschlicher und göttlicher Liebe

Viele meinen, wir könnten die Gottesliebe nicht erfahren, ohne dass wir vorher menschliche Liebe erlebt haben. Die Erfahrung der göttlichen und der menschlichen Liebe hängen sicher eng miteinander zusammen. Oft genug hat unser Sprechen von Gottes Liebe keine Kraft,

weil wir keine menschliche Liebe erleben. Bei manchen Predigern scheint das Schwärmen von der göttlichen Liebe zum Ersatz für die mangelnde Erfahrung menschlicher Liebe zu werden. Solche Worte können die Menschen nicht erreichen. Man kann ihnen zwar intellektuell zustimmen. Aber es geht von ihnen keine Ansteckung aus. Sie vermitteln keine Liebe, sondern informieren nur über sie. Und manchmal sprechen Priester von der Liebe, deren Gesicht eher Härte und sogar Brutalität spiegelt. Da werden die Worte über die Liebe unglaubwürdig. Aber die Menschen spüren sehr genau, ob die Worte über die Liebe aus der Erfahrung der Liebe kommen oder nur Ausdruck des eigenen Mangels sind.

Ich erlebe oft Priester und Ordensleute, die ihr Leben auf die Liebe Gottes gebaut haben, in deren Gesicht aber nichts von dieser Liebe abzulesen ist. Sie spiegeln nichts wider von der Liebe, wie sie etwa meine Nikolausikone ausstrahlt. Sobald sie sich in einen Menschen verlieben, spüren sie, dass ihr Sprechen von Gottes Liebe leer gewesen ist. Das Verliebtsein in einen Menschen erleben sie so existentiell, dass sie auf einmal Angst haben, dass ihre Vorstellung von der göttlichen Liebe nur Einbildung war. Das führt oft zu einer Berufungskrise. Das Verliebtsein bricht wie eine ungebändigte Kraft in sie ein und schüttelt sie durcheinander. Jetzt fühlen sie auf einmal, was Liebe wirklich ist, wie sie das ganze Herz erfüllen kann. Und dann fragen sie sich, was denn die Liebe zu Gott oder Gottes Liebe zu ihnen in ihrem Herzen bewirkt hat. Es waren nur blasse Worte ohne Wirkung. Wer

die verwandelnde Kraft des Verliebtseins erfährt, darf aber nicht in den Fehler fallen, menschliche und göttliche Liebe gegeneinander auszuspielen. Wenn er die emotionale Kraft des Verliebtseins in seine Liebe zu Gott hineinfließen lässt, dann kann er auch erleben, wie Gottes Liebe das ganze Herz anzurühren vermag.

Normalerweise wird Gottes Liebe durch Menschen vermittelt. Das heißt aber nicht, dass Menschen, die in ihrer Kindheit zu wenig Liebe erfahren haben, unfähig wären, Gott zu lieben oder Gottes Liebe zu spüren. Nicht nur die Erfahrung der Liebe, sondern auch der Mangel an Liebe kann in uns die Liebe zu Gott wecken. Kinder, die oft darunter leiden, dass ihre Eltern für sie keine Zeit haben, dass sie sich nicht geliebt fühlen, weil anderes für die Eltern wichtiger ist, haben in sich zugleich die Ahnung von einer Liebe, die sie wirklich erfüllt. Das ist dann keine Flucht vor der kalten Realität ihrer Familiensituation, sondern durchaus ein echtes Gespür dafür, dass sie nicht ganz und gar allein sind, dass es eine Liebe gibt, die größer und verlässlicher ist als die der Eltern. Es gibt ja wohl keinen Menschen, der überhaupt keine Liebe erfährt. Auch die schlimmsten Rabeneltern werden ihren Kindern wohl noch ein wenig Liebe oder zumindest die Ahnung von Liebe vermitteln. Aber der Mangel an Liebe lässt die Kinder von einer anderen Liebe träumen, die wirklich ihnen gilt, in der sie geborgen sind, auf die sie sich verlassen können. Mir hat eine Frau erzählt, die eine kalte Mutter hatte, sie habe als Kind immer wieder mit Puppen »heile Familie« gespielt.

Sie ist in ihren Puppen in die Rolle der Mutter, des Vaters und der Kinder geschlüpft. Und sie hat im Spiel ihre Sehnsucht nach einer zärtlichen und innigen Liebe der Eltern zu ihren Kindern ausagiert. Weil sie zu wenig Zärtlichkeit von seiten der Mutter erfahren hat, hat sie diese Zärtlichkeit sich im Puppenspiel selbst gegeben. Trotz der Kälte, die sie daheim erlebt hat, wusste sie genau, was Liebe war. In unserem Herzen ist also unabhängig von den Erfahrungen, die wir machen, eine Ahnung von Liebe. Es ist in uns ein archetypisches Bild eines liebenden Vaters, einer liebenden Mutter, eines liebenden Menschen. Und es ist in uns offensichtlich die Fähigkeit zu lieben. Denn sonst hätte dieses Mädchen nicht die Liebe ihrer Eltern und zu den Kindern im Puppenspiel darstellen können. Wenn wir den archetypischen Bildern von Liebe und unserer tief in uns angelegten Fähigkeit zu lieben trauen, dann werden wir aufhören, uns nur zu bedauern, dass wir zu wenig Liebe erfahren haben. Es wird zwar weiterhin wehtun, wenn wir an den Mangel an Liebe in unserer Kindheit denken. Aber anstatt zu jammern werden wir uns der Quelle der Liebe zuwenden, die trotz allem in uns fließt.

Sich selbst nahe sein

Oft höre ich die Klage darüber, dass man zu wenig Liebe erfahren hat, dass Zärtlichkeit in der Familie verpönt war und dass man daher unfähig war zu wirklicher Liebe. Ich

frage dann immer, ob sich der Erzähler denn selber lieben könne. Manche machen sich völlig abhängig von der Liebe anderer. Sie haben das Gefühl, dass sie nur dann am Leben sind, wenn sie die liebende Nähe anderer erfahren dürfen. Ich lasse sie dann immer überlegen, ob sie sich denn selbst Nähe schenken können, ob sie sich selbst nahe sind. Die Frau, die mit ihren Puppen »heile Familie« gespielt hat, hat sich selbst liebende Nähe geschenkt. Sie wusste als Kind genau, dass sie auch liebevoll zu sich selbst sein kann, auch wenn sie das von ihren Eltern nicht genügend erfahren hat. In jedem Menschen ist eine Ahnung von Liebe. Wir dürfen nicht fixiert sein auf die Liebe der andern, sonst machen wir uns von ihnen völlig abhängig. Wir selbst sind immer auch zur Liebe fähig. Es ist eine Entscheidung, dass wir beginnen, uns selbst zu lieben, bedingungslos Ja zu uns selbst zu sagen und zärtlich und liebevoll mit uns selbst umzugehen.

Umgang mit Mangelerfahrungen

Wenn jemand über seinen Mangel an Liebe jammert, nehme ich seine Klage ernst. Es ist ein großes Leid, wenn sich jemand als Kind nie geliebt fühlte. Aber ich lasse den anderen nicht beim Jammern stehen und frage auch nicht nur nach seiner Fähigkeit, sich selbst zu lieben, sondern auch, ob er sich vorstellen könne, dass Gott ihn liebt. Für manche ist es kaum denkbar, dass Gott sie

bedingungslos lieben könnte und dass sie auf diesen Grund der Liebe bauen können. Andere haben diese Möglichkeit der Gottesliebe nie erwogen. Aber wenn ich sie auffordere, sich dieser Liebe Gottes zu vergewissern, sie leibhaft zu spüren, indem sie sich in die wärmenden Strahlen der Sonne setzen und sich von ihnen durchdringen lassen, dann wächst ihre Ahnung davon, dass es noch eine andere Liebe geben müsse. Sie spüren, dass sie mit ihrem Jammern letztlich Gott und die Menschen anklagen, dass sie zu kurz gekommen sind. Aber mit ihrer Anklage verlieren sie den Blick für die Liebe Gottes, die ihnen in der Schöpfung und in vielen Menschen begegnen möchte. Wenn sie sich auf den Weg machen, die Gottesliebe in ihrem Leben zu entdecken, dann wächst in ihnen die Ahnung, dass diese Liebe nicht eine billige Vertröstung ist, sondern zu einem tiefen inneren Frieden führen kann.

Eine junge Frau erzählte mir, dass beide Eltern suchtkrank waren. Sie waren so mit sich und ihrer Sucht beschäftigt, dass sie die Kinder in ihren Bedürfnissen nach Liebe völlig vernachlässigten. Für diese Frau war der einzige Weg, diese Vernachlässigung auszuhalten, dass sie als Kind immer wieder in die Kirche gegangen ist und sich vor den Marienaltar gesetzt hat. Dort hat sie sich daheim gefühlt. Dort hat sie etwas von der Liebe gespürt, die ihr aus der Atmosphäre der Kirche und vor allem aus der Marienstatue entgegenströmte. Dieses Kind hatte ein gesundes Gespür dafür, dass es nicht nur die Liebe der Eltern gibt, sondern eine größere Liebe, auf

die es sich verlassen kann. Und diese mütterliche Liebe Gottes war für dieses Kind überlebensnotwendig. Ohne sie hätte es sich entweder völlig verschließen oder selbst aufgeben müssen. Die Liebe Gottes hat es gerettet, im wahrsten Sinn des Wortes.

Natürlich kann solche Mangelerfahrung dazu führen, dass wir uns schwer tun, auf andere zuzugehen oder die Liebe eines anderen an uns heranzulassen. Wir sehnen uns nach der Liebe, aber zugleich haben wir Angst davor, sie zuzulassen. Denn als Kind haben wir Nähe immer als bedrohlich erfahren. Eine Frau, die die mangelnde Liebe der Eltern durch die Erfahrung der göttlichen Liebe ausgeglichen hat, kann aus dem Misstrauen gegenüber menschlicher Liebe heraus ins Kloster gehen, weil sie da der göttlichen Liebe gewiss ist. Aber die göttliche Liebe darf nicht zum Ersatz für menschliche Liebe werden. Ich werde irgendwann auch meiner Sehnsucht nach einem Menschen begegnen, der mich vorbehaltlos liebt, der mich zärtlich umarmt. Diese Sehnsucht anzuschauen heißt nicht unbedingt, dass ich sie auslebe, indem ich eine Beziehung eingehe. Aber nur wenn ich die Sehnsucht ernst nehme, wenn ich durch sie hindurch meine Liebe zu Gott anschaue, werde ich zu einer reifen Gottesliebe gelangen können. Ohne ehrliche Auseinandersetzung mit meinem Bedürfnis nach menschlicher Nähe wird die Nähe Gottes nur zur Farce. Aber wenn ich mein Bedürfnis vorbehaltlos annehme, kann ich zur Erfahrung von Gottes Liebe kommen, ohne unbedingt gleichzeitig menschliche Liebe zu erfahren.

Die Liebe Gottes als Ermöglichung
menschlicher Liebe

Die Beziehung von menschlicher und göttlicher Liebe
betrifft aber nicht nur die Frage der Vermittlung, sondern
auch die Frage, wie die Liebe zwischen zwei Menschen
gelingen kann. In der Liebe zwischen Mann und Frau,
zwischen zwei Freunden oder Freundinnen sind wir immer geneigt, den andern ganz für uns zu besitzen. Und
wir erwarten vom andern oft unbewusst absolute Liebe
und Geborgenheit. Aber etwas Absolutes kann kein
Mensch schenken. Mit unseren absoluten Erwartungen
überfordern wir den andern. Und oft genug sind wir
dann enttäuscht. In der Ehe oder in einer Freundschafts-
beziehung kommen wir immer wieder an Grenzen. Trotz
aller Nähe spüren wir Distanz. Trotz allen Verstehens
taucht das Gefühl von Fremdheit auf. Manche reagieren
auf die Erfahrung von Enttäuschung, indem sie ihre Erwartung auf einen andern Partner richten, der ihre
Sehnsüchte zu erfüllen scheint. Aber nach kurzer Zeit
werden sie auch da wieder an die Grenze stoßen.

Die menschliche Liebe kann nur gelingen, wenn ich
sie nicht absolut verstehe, sondern als Vermittlung der
göttlichen Liebe, und wenn ich mich von den Enttäuschungen immer wieder auf Gott hin treiben lasse. Die
Enttäuschungen gehören wesentlich zur Liebe. Sie he-
ben die Täuschung auf, der ich immer wieder verfalle,
die Täuschung, als ob der andere mir absolute Liebe und
absoluten Halt schenken könne. Etwas Absolutes kann

allein Gott schenken. Wenn ich den Grund meiner Existenz im andern Menschen sehe, mache ich mich von
ihm abhängig. Und dieses Gefühl von Abhängigkeit er-
zeugt in mir unbewusst Aggressionen. Denn tief in uns
ist auch die Sehnsucht nach Freiheit. Abhängigkeit ist
gegen unsere Würde. Wenn ich mich nur lebendig fühle,
wenn der andere mich liebt, dann verliere ich mich
selbst. Ich muss den Grund, auf den ich mein Leben
baue, in Gott sehen. Dann kann ich die Liebe des Part-
ners oder Freundes genießen. Dann kann ich dankbar
sein für den Halt, den ich bei ihm erfahre. Aber ich weiß,
dass er nur ein bedingter Halt ist, nie ein unbedingter.
Der andere ist sterblich. Er wird alt werden und krank.
Er kann für seine Gefühle nicht garantieren, selbst wenn
er mir noch so sehr die Treue schwört. Menschen, die allein auf den andern fixiert sind, werden oft rasend vor
Eifersucht oder Angst, ihn zu verlieren. Die Liebe
Gottes, in der ich meinen tiefsten Grund verspüre, befreit mich vom ängstlichen Festklammern am andern
und ermöglicht dadurch das Gelingen menschlicher
Liebe. Ich werde mich selbst nicht bedauern, dass ich
mich im anderen getäuscht habe, sondern ich lasse mich
durch die Enttäuschung immer wieder neu auf Gottes
Liebe verweisen, die nicht so brüchig ist wie menschliche Liebe, die ein festes Fundament bildet, auf dem ich
dann auch das Haus meiner Liebe zu einem Menschen
bauen kann.

5. Die erotische Dimension der Gottesliebe

Viele klagen darüber, dass die Liebe zu Gott ihr Herz nicht wirklich bewegt, dass sie vielmehr rein willensmäßig geschieht, dass sie Gott lieben möchten, es aber oft genug nicht können. Oder sie meinen, es sei ja gut und schön, dass Gott sie liebe, das würden sie wohl auch glauben, aber davon leben könnten sie nicht. Denn diese Liebe würden sie nicht in der Tiefe ihres Herzens erfahren. Die Mystiker haben die Liebe Gottes existentiell erlebt. Sie haben diese Liebe in einer erotischen Sprache beschrieben. Offensichtlich hat die Liebe Gottes in ihnen die gleiche Wirkung hervorgerufen wie sie die Erfahrung der sexuellen Vereinigung bewirkt. Sie haben die göttliche Liebe leibhaft erfahren, manchmal wie in einem Orgasmus. Berühmt ist die Vision der heiligen Teresa von Avila, dass Christus sie mit dem Liebespfeil verwundet. Bernini hat diese Szene so plastisch dargestellt, dass viele darin einen Orgasmus erkennen. Teresa sinkt vor Liebe nieder, genauso wie eine Frau vor dem Manne niedersinkt, den sie mit allen ihren Sinnen liebt.

Die niederländische Mystikerin Hadewijch von Anvers (1230-1260) beschreibt, wie sie bei der Pfingstvigil auf einmal das Gefühl hatte, Christus selber komme zu ihr und umarme sie: »Er nahm mich ganz in seine Arme und drückte mich an sich. Mit all meinen Gliedern verspürte ich die volle Seligkeit seines Leibes nach der menschlichen Begierde meines Herzens. Bei vollem Bewusstsein wurde ich da nach Herzenslust befriedigt.«[23] Hadewijch macht in der Begegnung mit Christus eine ähnliche Erfahrung wie Mann und Frau im sexuellen Akt. Eine intensive geistliche Erfahrung drückt sich im Körper offensichtlich auf gleiche Weise aus wie eine sexuelle Erfahrung. Immer wenn ein Mensch ganz und gar von etwas ergriffen wird, wird auch sein Leib davon berührt. Wenn ich an Gott nicht nur mit dem Kopf glaube, sondern ihn in meinem Herzen und mit all meinen Sinnen erfahre, dann wird davon der ganze Leib betroffen. Er kann genauso beben und zittern wie in der sexuellen Erfahrung. Er wird genauso »befriedigt« wie im sexuellen Akt.

Manche haben beim Lesen der Schriften der Mystiker den Eindruck, sie seien weit weg von deren Erfahrung. Sie würden die Liebe Gottes oder die Liebe Christi eben nicht so tief empfinden. Wir können eine solche mystische Erfahrung nicht erzwingen. Aber wir können uns dennoch dafür öffnen. Für mich ist es eine wichtige Spur, dass ich versuche, mit allen Sinnen Gott in der Schöpfung wahrzunehmen. Viele sagen: Einen Menschen spüre ich, den kann ich umarmen, den kann ich

küssen. Aber Gott ist so weit weg. Aber was macht die Erfahrung der menschlichen Liebe wirklich aus? Ist es die Berührung, ist es der Kuss? Man kann die Haut eines Menschen berühren, ohne dass man Liebe spürt. Ja, man kann sogar küssen, ohne zu lieben. Ob eine Berührung oder ein Kuss die Liebe vermittelt, hängt davon ab, ob ich den andern wirklich liebe und diese Liebe dann leibhaft ausdrücke, sie durch den Atem, durch die Berührung, durch den Kuss hindurchströmen lasse. Wenn die Liebe nicht da ist, kann sie auch ein Kuss nicht erzeugen. Wenn sie aber in mir fließt, kann sie durch die zärtliche Berührung oder durch den Kuss zum andern hinströmen. Dann fühle ich die Liebe wie einen Fluss, wie einen inneren Austausch. Genauso kann Gottes Liebe in mich einströmen, wenn ich ganz in der Berührung bin. Wenn ich eine Blume zart streichle, wenn ich mich im Wind streicheln lasse, dann kann das zu einer genauso intensiven Erfahrung der Liebe werden wie menschliche Berührung. Es kommt nur darauf an, dass ich an die Liebe Gottes glaube, die mich durch die Schöpfung umarmen möchte, und dass ich sie leibhaft zulasse.

Peter Schellenbaum spricht vom »Spürbewusstsein«. Menschen fühlen die Liebe zwischen sich nur dann, wenn sie im Spürbewusstsein sind, wenn sie ganz in der Berührung sind. Dann kann eine ganz zarte Berührung schon alles ausdrücken, was an Liebe in uns ist. Viele, die dieses Spürbewusstsein verloren haben, müssen den Leib des andern mit Gewalt anpacken, um aus ihm die

Liebe, die Lust herauszupressen. Sie fühlen sich nur, wenn sie den andern immer stärker drücken. Sie brauchen die Erregung, den sexuellen Höhepunkt, aber sie können die Liebe nicht genießen, sie können sie nicht lange spüren. Schellenbaum kann sich durchaus vorstellen, dass Menschen, die sich sehr lieben, auf das sexuelle Einswerden verzichten. Es gibt auch eine erotische Liebe zwischen Mann und Frau, die nicht auf den genitalen Akt zielt. Er erzählt von einer Frau, die um ihrer Liebesfähigkeit willen auf sexuelle Beziehungen verzichtet. Und er wehrt sich dagegen, Menschen, die ihren Eros in der Hingabe an eine soziale, kulturelle oder religiöse Aufgabe leben, als asexuell zu bezeichnen. »Sie haben manchmal im Gegenteil eine starke sexuelle Ausstrahlung. Ihr Körper mobilisiert in den intensiven Phasen der ihnen eigenen Hingabe die gleichen Hormone wie der Körper eines Menschen, der sich auf eine sexuelle Begegnung vorbereitet.«[24] In jeder starken Hingabe werden »belebende Gefühle des strömenden Einsseins« hervorgerufen. Das gilt auch von der Hingabe an Gott. Sie kann den menschlichen Körper genauso erregen und vibrieren lassen wie die Hingabe im sexuellen Akt.

Spiritualität als Unterdrückung der Sexualität

Die Beziehung zwischen Sexualität, menschlicher Liebe und Gottesliebe ist vielfältig. Da gibt es Menschen, die zu schnell von der Liebe zu Gott sprechen, weil sie

Angst haben vor menschlicher Liebe. Sie benützen die Gottesliebe, um ihrer Sexualität aus dem Weg zu gehen. Bei manchen frommen Christen, vor allem natürlich bei Ordensleuten und Priestern, begegne ich einer Spiritualität, die nur dazu dient, die Sexualität zu unterdrücken und sie zu vermeiden. Doch das Fatale ist, dass diese Menschen ständig um die Sexualität kreisen und dass sie sehr viel Energie damit verschwenden, ihre Sexualität unter Verschluss zu halten. Diese Energie fehlt ihnen dann in ihrem Leben, in ihrer Arbeit und in ihren Beziehungen. Es tut mir oft weh, wenn ich zusehen muss, wie viel Energie da vergeudet wird, wie da Menschen seit ihrer Kindheit darunter leiden und sich wegen sexueller Phantasien schuldig fühlen. Da ist eine Frau, die vor ihrer Erstkommunion beim Kalben einer Kuh zugeschaut hat. Ihre Mutter hat sie geschimpft. Das gehöre sich nicht, das sei Sünde. Bei der Erstkommunion ging ihr die Kommunionskerze aus, und ihr weißes Kleid bekam einen Schmutzfleck. Das war für sie ein Zeichen, dass sie eine Sünderin sei und nicht würdig zu kommunizieren. Das hat in dieser Frau eine solche Angst ausgelöst, dass die Kommunion für sie in der Folgezeit nie befreiend und heilend war, sondern sich immer mit der Angst verband, dass die sexuellen Phantasien sie unwürdig machten zu kommunizieren und dass sie sich mit jeder Kommunion nur noch mehr in die Sünde verstricke. Mich hat erschreckt, wie dieses Kreisen um sexuelle Verfehlungen und Unwürdigkeit die Kindheit und Jugend dieser Frau verdunkelt hat, ja, wie sie jetzt im Alter

von sechzig Jahren immer noch von dieser Angst vor der Sexualität besetzt ist. Das kann doch nicht der Wille Gottes sein! Das hat allein eine Erziehung und Verkündigung von Menschen bewirkt, die selbst von Angst bestimmt waren und die im Namen Gottes und im Namen der Moral andere in Angst versetzt haben.

Das Gottesbild, das hinter solcher Unterdrückung der Sexualität steht, ist pessimistisch. Es ist der strafende und kleinliche Gott, der vor allem genau beobachtet, wie wir mit unserer Sexualität umgehen. Wenn man sich dieses Gottesbild ansieht, erkennt man, wie viel Angst doch dieser Gott vor der Sexualität haben muss, da er sie so stark kontrollieren muss, die er doch selbst als gute Gabe geschaffen hat. Doch viele sehen die Sexualität immer noch als etwas Schmutziges an, das man sich am besten vom Leib hält. Zumindest ist Sexualität tabuisiert. Darüber spricht man nicht. Man verdrängt sie, damit man nichts damit zu tun hat. Aber dieser Weg gelingt nicht. Im Gegenteil, man kreist dann immer um das Thema der Sexualität. Man hat ständig Angst, von der Sexualität beherrscht zu werden. Die Sexualität ist wie ein Vulkan, der ausbrechen könnte, sobald man daran rührt. Daher setzt man lieber einen Deckel auf diesen Vulkan. Aber es braucht viel Energie, um diesen Deckel so auf den Vulkan zu drücken, dass ein Ausbruch verhindert wird. Wenn fromme Menschen ihre Sexualität unterdrücken, dann können sie auch keine tiefe Spiritualität entwickeln. Ihre Frömmigkeit ist dann nur geprägt von Gesetzen und Vorschriften, die man erfüllen muss. Es ist

eine moralisierende Frömmigkeit, die von der eigenen Unfähigkeit, die Sexualität in den spirituellen Weg zu integrieren, dadurch ablenkt, dass sie andern die Einhaltung der kirchlichen Sexualmoral predigt und dabei oft rigorose Forderungen aufstellt.

Die Unterdrückung der Sexualität führt nicht zu wirklicher Gottesliebe. Wer die Sexualität unterdrückt, geht mit sich selbst hart und grausam um. Diese Härte, ja häufig auch Brutalität drückt sich dann auch im Umgang mit den Dingen aus, etwa mit den Büchern, die man liest, mit der Aktentasche, mit dem Werkzeug. Und sie zeigt sich im Urteil über andere Menschen. Man spricht leider nicht ohne Grund von der Brutalität der Frommen, die sehr hart über andere urteilen, ihnen ständig ihre Verfehlungen vorwerfen und die es nicht lassen können, ihre Sexualität auszuschnüffeln. Gerade in den USA, in denen die puritanische Sexualmoral viele Menschen bestimmt, ist es eine regelrechte Sucht, das Sexualverhalten prominenter Leute auszuspionieren und sich damit zu beschäftigen. Das weist immer auf die Unterdrückung der eigenen Sexualität hin, die zu einem unmenschlichen und brutalen Umgang mit andern führt. Diese Härte zeigt sich auch im Umgang mit Gott. Gott wird vor allem als der gesehen, der rigorose Forderungen stellt und der darüber wacht, dass der Mensch sie auch erfüllt. Diesen Gott aber kann man gar nicht lieben, selbst wenn man noch so viel von seiner Liebe zu uns spricht und wenn man noch so sehr die Menschen auffordert, Gott zu lieben. Da wird dann lieblos von der

Liebe gepredigt. Die Worte stimmen zwar, aber es geht von so einem Prediger keine Liebe aus, sondern nur Härte. Und hinter der Härte stecken Traurigkeit, Verzweiflung, Kälte. Wenn die Mystiker von Gott sprechen, strömt uns Wärme entgegen. Da wird unser Herz angerührt. Da spüren wir, dass sie Gott wirklich lieben, dass ihr Herz voller Liebe ist. Kaum ein Heiliger strömt eine so tiefe Gottesliebe aus wie der heilige Franziskus. Von ihm wird erzählt, dass er sich immer dann, wenn im Psalm das Wort »Herr« vorkam, die Lippen vor Lust und Liebe geleckt hat. Wenn er das Wort »Herr« betete, quoll sein Herz über vor Liebe zu Christus.

Sexualität als Ersatz von Spiritualität

Die Unterdrückung der Sexualität ist der eine Irrweg, die drei Bereiche Sexualität, menschliche und göttliche Liebe miteinander zu verbinden beziehungsweise sie gegeneinander auszuspielen. Der zweite Irrweg besteht in der Verherrlichung der Sexualität. Sie führt dazu, Spiritualität als Sehnsucht nach dem Geheimnis durch Sexualität zu ersetzen. Ken Wilber meint, im 19. Jahrhundert wurde die Sexualität in den Mittelpunkt des menschlichen Interesses gehoben, da man das Interesse an der Transzendenz, am Geheimnis Gottes, verloren hatte. Wo die Natur zur letzten Wirklichkeit wird, da birgt die Sexualität allein das Geheimnis der menschlichen Persönlichkeit. Die Sexualität wurde im 19. Jahrhundert gleichsam vergöttlicht. Da

man kein Gespür mehr für das Geheimnis hatte, kreiste man nur noch um sie. Sexualität war in der »Flachland-Welt« das einzige Geheimnis, das für den an der Oberfläche dahinlebenden Menschen noch existierte. »Die Sexualität bekam eine geradezu mystische Aura, ihr wurde ein Stellenwert, eine Macht und Autorität zugeschrieben, die weit über das hinausgehen, was man der Libido als solcher abgewinnen kann.«[25] Für Ken Wilber ist die Sexualität durchaus eine Ausdrucksform des Geistes, an der man sich auch wieder zum Geist zurücktasten kann. Sie hat eine spirituelle Dimension. Aber wenn man sich auf die Sexualität fixiert, vergisst man ihre spirituelle Dimension. Man bleibt an der Oberfläche. »Die Oberfläche ist schon das Ganze, und ihre tiefste Tiefe ist Sexualität.«[26] Statt durch die Oberfläche der Natur zum Geist zurückzufinden, gräbt man nun die unterdrückte Sexualität aus und meint, das sei schon alles. Darin würde das ganze Geheimnis des Menschen bestehen. Das ist eine Reduzierung des Menschseins, für die man einen hohen Preis zahlt. Die Würde des Menschen geht verloren. Seine Sexualität ist nicht mehr Anstoß, über sich hinauszuwachsen und in der Ekstase der Liebe mit Gott eins zu werden. Sie wird vielmehr zur Konsumware. Um sie zu bekommen, werden Menschen auf dem Altar der Lustgewinnung geopfert.

Hans Jellouschek beobachtet bei vielen Ehepaaren, dass die Sexualität überfordert wird, weil sie zum einzigen Ort der Selbsttranszendenz wird. Was man sonst von der Religion erwartete, dass man in der Ekstase der

Liebe über sich hinauswuchs und mit Gott eins wurde, das erhofft man sich von der Sexualität. Damit wird sie aber zum Religionsersatz und heillos überreizt. Sie wird zur Konsumware, die den Menschen nicht mehr über sich hinausführt. Die Sexualität wird zur einzigen Verheißung von Lebendigkeit. Weil man unfähig geworden ist, das Geheimnis des Lebens und der Liebe in allem zu erspüren, fixiert man sich auf die Sexualität, die allein etwas erahnen lässt von Transzendenz und Sich-Vergessen. Die Sexualität bekommt eine religiöse Dimension. Aber sie verweist nicht mehr auf die Transzendenz Gottes, sondern bleibt in sich verschlossen. Aber dann, so meint Jellouschek, bleiben wir im sexuellen Akt »Einsame, denen die Unio mystica höchstens aufleuchtet, aber nicht zuteil wird. Die Liebe zwischen den Geschlechtern ist nicht dazu da, die Sehnsucht nach umfassender Vereinigung zu stillen, sondern viel eher sie wach- und uns auf dem Weg dahin zu halten.«[27]

Euphorie als Flucht vor der Sexualität

Ein dritter Irrweg, die drei Bereiche in ihrem Verhältnis zueinander zu sehen, besteht in einem euphorischen Sprechen von der Gottesliebe. Die Mystiker haben ihre erotische Gottesliebe immer in einer Sprache beschrieben, die zwar voller Leidenschaft und Sehnsucht war, aber zugleich realistisch. Der Leser kann nachvollziehen, was die Mystiker erfuhren. Doch heute gibt es viele,

die sehr euphorisch von ihrer Liebe zu Gott sprechen, die sich in schöne Gefühle hineinsteigern. Da bin ich immer skeptisch. Denn ich habe allzu oft erfahren, dass eine zu euphorische Frömmigkeit nur die Kehrseite ist für sexuelle Probleme, die diese Menschen damit vertuschen möchten. Sie möchten mit ihrer Euphorie ihrer Triebhaftigkeit entrinnen und bleiben doch darin stecken. Wer allzu viel von Gottes Liebe schwärmt, der merkt gar nicht, wie er seine allzu menschlichen Bedürfnisse nach Nähe und wie er seine sexuellen Phantasien auf Gott projiziert. Dadurch wird seine Sexualität aber nicht verwandelt. Die Euphorie trägt ihn vielmehr von der Realität weg. Das ermöglicht es manchen, auf zwei Ebenen zu leben: auf der Ebene der Euphorie, in der sie sich Gott ganz nahe fühlen, und zugleich auf der Ebene der Vitalität und Sexualität, die sie gar nicht als solche wirklich wahrnehmen, weil sie sie ideologisch überhöhen. Meistens schwanken sie dann hin und her zwischen Begeisterung und Selbstbeschuldigung, weil sie unfähig sind, die Sexualität zu integrieren. Damit ändert sich aber nichts, sondern sie stabilisieren ihren Zwiespalt zwischen übertriebener Frömmigkeit und unreifer Sexualität nur, indem sie sich immer wieder selbst anklagen und selbst entwerten.

Die Selbstbeschuldigung stellt das innere Gleichgewicht wieder her und ermöglicht es ihnen, auf zwei Ebenen weiter zu leben, auf der Ebene einer rigorosen Moral und zugleich auf der Ebene des Auslebens ihrer Bedürfnisse, die von ihrer hohen Moralpredigt gar nicht berührt

wird. Oder aber sie machen sich ihre eigene Theorie zurecht, dass sie auch in einer sexuellen Beziehung ja gar keine Sexualität ausleben, sondern dem andern nur Gottes Liebe vermitteln möchten. Sie leben Sexualität aus, ohne es sich einzugestehen. Auf diese Weise brauchen sie auch nichts zu ändern.

Mystik als Integration von Sexualität in Spiritualität

Gegenüber diesen drei Irrwegen zeigen uns die Mystiker gangbare Wege auf, wie die Sexualität in die Erfahrung von Gottes Liebe integriert werden kann. Die Mystiker leben nicht auf zwei voneinander getrennten Ebenen, und sie unterdrücken ihre Sexualität nicht auf Kosten der Spiritualität, sondern sie drücken ihre Liebe zu Gott im Leib aus, und die Erfahrung von Gottes Liebe zu ihnen berührt auch ihre Sexualität. Die Hingabe an Gott zeigt die gleichen Regungen wie die sexuelle Hingabe. Und sie erleben Gottes Liebe zu ihnen genauso intensiv wie einen sexuellen Akt. Natürlich ist das immer eine Gratwanderung. Wir können nicht leicht unterscheiden, ob die erotische Erfahrung der Gottesliebe authentisch ist oder nur Projektion der unterdrückten Sexualität in Gott hinein. Ein wichtiges Kriterium ist immer die Realität. Die Mystiker waren immer realistische Menschen, die diese Welt mitgeprägt haben, die viel und effektiv arbeiten konnten und die intensive menschliche Beziehungen lebten. Sie nahmen die Liebe Gottes nicht als Ersatz für menschliche Liebe. Für

sie war die Gottesliebe vielmehr der Gipfel der Liebeserfahrung. Sie erlebten in der Begegnung mit Gottes Liebe,
dass diese Liebe den ganzen Menschen durchdringt, Leib
und Seele, das Bewusste und das Unbewusste, dass sie alle
vitalen Kräfte mobilisiert und den ganzen Leib zum
Leuchten bringt. Die Mystiker waren immer liebende
Menschen. Sie haben die Liebe mit ihrem Leib erfahren
und mit ihrem ganzen Sein ausgestrahlt. Für Schellenbaum ist eine Voraussetzung, dass ehelose Menschen den
Eros in ihrer Hingabe als lebensspendend erfahren, dass
sie sich nicht in ein Getto zurückziehen. Wenn ein Kloster
sich als Getto versteht, »wird die mystische Ausprägung
des Eros geschwächt«.[28] Daher ist für Mystiker immer
auch die Freundschaft mit anderen Menschen wichtig gewesen. Da haben sie die Liebe zu einem Menschen auf
nichtsexuelle aber doch erotische Weise erlebt. Die erotische Liebe zu Menschen hat den Eros ihrer Gottesliebe
gestärkt. Für sie war die Liebe wirklich ihre Grundhal-
tung. Sie konnten mit der gleichen sinnlichen Liebe die
Menschen, die Tiere, die Pflanzen, den Wind, die Sonne
und Gott lieben. Sie waren ganz und gar Liebe. Sie wohn-
ten gleichsam in der Liebe. Die Liebe prägte auch ihren
Umgang mit sich selbst. Da waren keine Selbstverachtung
und Selbstentwertung, sondern dankbares Einverstanden-
sein mit sich und ihrem Leben. Sie konnten liebevoll auf
die eigene Wirklichkeit schauen. Wer Liebe ist, der kann
immer und überall lieben, von dem geht Liebe aus, auch
ohne dass er in einer festen Freundschaft zu einem Menschen lebt.

Wer wirklich liebt, dem genügt oft der Atem des Geliebten. Er fühlt im gemeinsamen Atem, wie diese Liebe durch ihn hindurchströmt und ihn in tiefer Weise mit dem andern verbindet. Im Atem werden sie miteinander eins. Wer diese menschliche Liebe achtsam und bewusst spürt – mit dem Spürbewusstsein, von dem Schellenbaum spricht –, der wird auch Gottes Liebe erspüren, wenn er behutsam mit sich selbst, mit den Dingen, mit Pflanzen und Tieren und mit den Menschen umgeht. Der persische Mystiker Dschalal ed-din ar-Rumi hat im 13. Jahrhundert auf wunderbare Weise beschrieben, wie Gott uns in unserem Atem mit seinem Liebesduft erfüllt:

> Du großer Gott,
> mit deiner Seele hat sich die meine vermischt,
> wie Wasser mit dem Wein.
> Wer kann den Wein vom Wasser trennen,
> wer dich und mich je wieder scheiden?
> Du bist mein großes Ich geworden.
> Und nie mehr will ich sein nur ein kleines Es.
> Auf ewig hast du mich bejaht,
> da ich dich ewig nicht verneine.
> Dein Liebesduft, der mich durchdrungen,
> geht nie aus meinem Mark und Beine.
> Oh Gott, ich bin an deinem Mund wie eine Flöte,
> gib deinen Hauch mir, dass ich töne.
> Gib einen Schlag mir, dass ich weine,
> du meines Herzens Atemstoß.

Dieser fromme Moslem hat die Liebe Gottes offensichtlich auch leibhaft erfahren. Wenn ich mich so behutsam
auf meinen Atem einlasse, wie es dieser Text empfiehlt,
dann könnte ich in jedem Atemzug spüren, wie Gottes
Liebe mich durchdringt, wie Gottes Liebe ununter-
scheidbar eins wird mit mir, dass sie durch alle Poren
meines Leibes strömt, dass es nichts in mir gibt, das
nicht vom »Liebesduft Gottes« berührt ist.

Was der persische Mystiker, ausdrückt, finde ich in
den Worten Jesu vom Weinstock wieder (Joh 15,1-8). In
meinem Atem strömt die göttliche Liebe durch mich
hindurch. Ich bin angeschlossen an den Weinstock Christi. Und alles Leben, das ich in mir spüre, ist seine göttliche Liebe. Denn Wein ist ja für Johannes ein Bild für
die Liebe Gottes, die nie ausgeht. Jesus verheißt uns:
»Ich bin der Weinstock, ihr seid die Reben. Wer in mir
bleibt und in wem ich bleibe, der bringt reiche Frucht«
(Joh 15,5). Der Atem, der mich durchdringt, das Blut,
das in mir fließt, alles, was in mir strömt, ist Bild für die
Liebe Gottes, die meinen Leib erfüllt und mir Lebendigkeit und Fruchtbarkeit schenkt. Jesus fordert seine Jünger auf: »Bleibt in meiner Liebe!« (Joh 15,9). Ich kann
offensichtlich in der Liebe Jesu »wohnen«. Sie ist das
Fluidum, das mich umgibt. Sie ist die Kraft, die mich
durchströmt. Sie ist der Liebesduft Gottes, der in meinem Atem den ganzen Leib erfüllt. Für Jesus ist es das-
selbe, ob er sagt: »Bleibt in mir« oder »Bleibt in meiner
Liebe«. In Christus sein heißt, in seiner Liebe sein, im
Haus seiner Liebe wohnen, in seiner Liebe daheim sein.

In seiner Liebe kommt die Sehnsucht des Herzens zur
Erfüllung, da kann das Herz ausruhen.

Die Voraussetzung, um Gottes Liebe leibhaft zu erfahren, ist, dass ich mich ganz und gar auf meinen Atem
einlasse, dass ich mich selbst dabei vergesse, dass ich
nur noch im Atem bin. Dann werde ich eine ähnlich intensive Erfahrung von Gottes Liebe machen, wie wenn
ich in einem Kuss oder im sexuellen Einswerden die
Liebe eines Menschen spüre. Bei einem Menschen
werde ich diese Liebe aber nur dann wirklich fühlen,
wenn ich daran glaube. Der Kuss allein ist noch nicht
Liebe. Er drückt nur die Liebe aus, an die ich glaube.
Genauso kann der Atem leer sein, ohne Liebe, ohne
Nähe. Aber wenn ich daran glaube, dass in meinem
Atem Gottes Liebe in mich einströmt, und wenn ich
ganz eins werde mit meinem Atem, dann kann ich darin
Gottes Liebe leibhaft erleben. Ich kann diese Liebe nicht
festhalten. Manchmal werde ich sie trotz aller Behutsamkeit und Achtsamkeit nicht spüren. Da bleibe ich bei
mir und meiner Unruhe. Dann hilft es mir, meiner Sehnsucht zu trauen. Auch wenn ich die Liebe Gottes nicht
spüre, so weiß ich doch um eine tiefe Sehnsucht nach
dieser Liebe. Wenn ich dieser Sehnsucht nachspüre,
dann steigt auch wieder eine Ahnung von Gottes Liebe
in mir auf.

Auch wenn ich mich an Gottes Liebe nicht festklammern kann, so weiß ich doch, dass sie nicht so brüchig
ist wie die menschliche Liebe. In einer Freundschaft
oder in der Ehe können wir die Liebe eines Menschen

intensiv erleben. Aber zugleich wissen wir, wie schnell
diese Liebe umschlagen kann in Gleichgültigkeit, in Aggression, in Besitzansprüche, in Einengung, in gegensei-
tige Kränkung. Der andere braucht uns nur zu verletzen,
dann steigen in uns Worte auf, mit denen wir ihm seine
Verletzung heimzahlen und ihn an seiner empfindlichen
Stelle treffen wollen. Und wir wissen, wie schnell das
Gefühl der Liebe zerrinnen kann. Manche reagieren
dann, indem sie den andern festhalten oder indem sie
sich hinter einer coolen Fassade verstecken, damit sie
nicht so verletzlich sind. Ich kann mich von der brüchi-
gen Menschenliebe aber auch auf Gottes Liebe verweisen lassen. Dann sind beide keine Gegensätze, die sich
ausschließen. Vielmehr werde ich von der Erfahrung
menschlicher Liebe immer wieder auf die Liebe Gottes
verwiesen. Das hilft mir, die Liebe zu einem Menschen
zu genießen, ohne Angst, dass ich sie verlieren könnte.
Die Erfahrung der göttlichen Liebe befreit mich von einem zu starken Klammern an den anderen. Ich weiß,
dass unsere Liebe nur bestehen kann, wenn wir uns
beide auf Gottes Liebe verweisen lassen. So ist die Erfahrung von Gottes Liebe der Grund, auf dem wir auch
unsere menschliche Liebe bauen können. Das ist ja wohl
der Sinn des Ehesakramentes, dass die Liebe zwischen
Mann und Frau Gottes Liebe vermittelt und auf Gottes
Liebe verweist. Das gibt ihrer Liebe Halt und Beständig-
keit.

Für mich ist nicht nur der Atem ein Weg, Gottes Liebe
leibhaft zu erfahren, sondern auch Gebärden. Unsere

Liebe zu einem Menschen drücken wir auch mit Gebärden aus. Wir umarmen den andern, wir berühren seine Hände, wir küssen ihn. Die Gebetsgebärden haben die gleiche Form wie menschliche Liebesgesten. Dabei ist für mich vor allem die Kreuzgebärde die Liebesgebärde schlechthin. Wenn ich Christus am Kreuz betrachte, wie er seine Arme ausstreckt, so fühle ich mich von ihm umarmt. Wenn ich selbst meine Arme ausbreite, habe ich das Gefühl, dass in mir Liebe strömt, dass ich ein Gefäß bin, in das die Liebe Gottes hineinfließt. Da ahne ich, dass in mir so viel Liebe ist, dass sie auch aus mir herausfließen kann, ohne dass ich davon leer werde. Eine andere Weise der Kreuzgebärde besteht darin, die Hände über der Brust zu kreuzen. Maria wird oft so dargestellt, wie sie ganz nach innen schaut und das Wort im Herzen bewahrt. Bei dieser Gebärde kommt mir immer das Bild von Henry Nouwen in den Sinn, dass geistliches Leben darin bestehe, das innere Feuer zu hüten. In uns brennt das Feuer der göttlichen Liebe. Aber oft genug lassen wir die Türen unseres Ofens aufstehen und brennen aus. Mit den über der Brust gekreuzten Armen schließe ich die Türe meines Herzens zu. Da lasse ich niemand in mich eintreten. Da bin ich allein mit meinem Gott. Da hüte ich das innere Feuer, die Liebe Gottes, die meinen Leib durchdringt. Als wir in einem Kurs diese Gebärde übten, meinte eine Frau, sie habe da sehr viel Wärme in sich gespürt. Es ist die gleiche Erfahrung wie in der Liebe zu einem Menschen. Da wird es uns auch warm ums Herz. Solche Gebärden lassen uns spüren, dass

Gottes Liebe sich genauso intensiv leibhaft ausdrückt wie die zärtliche Liebe zwischen Mann und Frau. Wer in so einer Gebärde Gottes Liebe fühlt, für den bleiben die biblischen Texte von dem Gott der Liebe nicht leere Worte.

6. Die heilende Kraft der Liebe

Manche, die von der Liebe überwältigt werden, drücken es in dem Satz aus: »Ich bin krank vor Liebe.« Liebe kann den Körper ähnlich durcheinander rütteln wie eine Krankheit. Aber krank macht nur die Liebe, die nicht erwidert wird. Wenn zwei Menschen einander lieben, so hat ihre Liebe heilende Kraft. Die Verletzungen in der Kindheit bestehen ja meistens im Mangel an Liebe, in der Erfahrung von Ablehnung, Kränkung, Entwertung, Kälte und Hass. Und solche Verletzungen kann letztlich nur die Liebe heilen. Das gilt nicht nur für die Liebe der Verliebten, sondern auch für den therapeutischen Prozess. Was den Patienten letztlich heilt, ist nicht die psychologische Methode, die der Therapeut verwendet, sondern die Liebe, die er ihm entgegenbringt, oder, wie Rogers es ausdrückt: die uneingeschränkte, wertschätzende Anteilnahme, die Empathie, die bedingungslose, positive Zuwendung. Der Patient braucht die Erfahrung bedingungsloser Akzeptanz durch den Therapeuten, um seinen Mangel an Liebeserfahrung in der Kindheit aufarbeiten zu können. Oft genug ver-

liebt er sich dann in seinen Therapeuten. Es geschieht die sogenannte Übertragung, die durchaus heilsam sein kann. Nur muss die Patientin die Übertragung wieder zurücknehmen, um sich nicht vom Therapeuten abhängig zu machen. Sie muss die Liebe, die ihr der Therapeut absichtslos entgegenbringt, in sich selbst spüren. Dann wird sie sie heilen. Wenn sie ihre Liebe weiterhin auf den Therapeuten richten würde, würde sie ihn mehr und mehr zum Messias, zum Heiler, zum Erlöser machen. Damit aber würde sie ihn überfordern. Sie würde ein archetypisches Bild auf ihn werfen, das ihn letztlich gottgleich macht.

Verwandlung durch die Liebe

Dass die Liebe unsere Wunden zu heilen vermag, erzählen uns zahlreiche Märchen. Im Märchen von den sechs Schwänen erlöst die Schwester durch ihre Liebe ihre sechs Brüder von der Verhexung in Schwäne.

Sie bleibt sechs Jahre lang im Schweigen und näht für die Brüder Sternenhemden. Das ist ein schönes Bild für ihre Liebe. Sie denkt über jeden ihrer Brüder betend nach, sie stickt für jeden ein Hemd, das für ihn passt, sie meditiert sich in das je einmalige Bild hinein, das jedem ihrer Brüder entspricht. Und die positive Projektion ihrer Liebe befreit die Brüder von der negativen Projektion, die die Hexe auf sie geworfen hat. Als das Mädchen – inzwischen Königin geworden – durch die Machenschaf-

96

ten der Hexe auf dem Scheiterhaufen verbrannt werden soll, da fliegen gerade noch rechtzeitig die sechs Schwäne vorüber. Die Königin wirft ihre Hemden auf sie, und sie verwandeln sich wieder in Menschen. Die Liebe ihrer Schwester hat sie wieder zu Menschen werden lassen.

Was dieses Märchen beschreibt, entspricht unserer alltäglichen Erfahrung. In der Nähe mancher Menschen fühlen wir uns unwohl, da haben wir den Eindruck, dass Kälte von ihnen ausgeht, die uns frieren lässt. Im Umkreis bestimmter Menschen werden wir zum Tier, zum reißenden Wolf, zum stachligen Igel oder zum Kaninchen vor der Schlange. Manche saugen uns die eigene Kraft weg. Oder wir haben den Eindruck, in ihrer Nähe beschmutzt zu werden. Es geht von ihnen eine negative Projektion aus. Sie haben eine Ausstrahlung, die man im Leib wahrnimmt und vor der man sich körperlich ekelt. Bei andern dagegen fühlen wir uns wohl. Da wird es uns warm ums Herz, da kommen wir in Berührung mit uns selbst, mit unserer Kraft, mit unserer Liebe. Da wird das Tier in uns wieder zum Menschen. Hass und Eifersucht sind negative Projektionen, die eine beinahe magische Wirkung auf uns haben können und uns »verhexen«. Die Liebe ist eine positive Projektion, die uns wieder zum Leben erweckt, die uns wieder zu wahren Menschen werden lässt.

Dass uns menschliche Liebe heilt, können wohl die meisten Menschen nachvollziehen. Aber wie soll uns die Erfahrung von Gottes Liebe heilen? Viele meinen, Men-

schen, die durch den Mangel an menschlicher Liebe in ihrer Kindheit krank geworden sind, brauchen die Erfahrung von menschlicher Liebe, damit sie gesund werden. Es ist wie ein Ausgleich. Was sie zu wenig bekommen haben, als sie es brauchten, hat sie krank gemacht. Gesund werden sie nur, wenn sie diese Liebe nachholen, entweder in der Begleitung eines Therapeuten oder Seelsorgers, in der sogenannten Nachbemutterung oder Nachbevaterung, oder indem ein Mensch sich in sie verliebt und sie mit seiner Liebe auftaut. Das entspricht durchaus unserer Erfahrung und wird in den meisten Fällen so sein. Aber für mich gibt es genauso gut auch die Heilung unserer Wunden durch die Erfahrung der göttlichen Liebe. Die göttliche Liebe ist ebenso freies Geschenk der Gnade wie die Erfahrung menschlicher Liebe. Wir können uns die Liebe eines Menschen nicht erkaufen, wir können nur auf sie warten, bis sie uns geschenkt wird. So ist es auch mit der Liebe Gottes. Wir können sie weder durch Gebet noch durch Meditation, weder durch Verzichten noch durch Genießen erzwingen. Aber wir können uns dieser Liebe öffnen. Denn sie ist schon da. Sie umgibt uns in allem, in der Blume, die duftet, und im Vogel, der singt. Wir müssen Gottes Liebe nur wahrnehmen. Aber ob wir sie spüren, hängt nicht nur von unserem achtsamen Umgang mit den Dingen ab. Es ist letztlich auch ein Geschenk, auf das wir warten dürfen. Dann kann sie uns genauso heilen wie menschliche Liebe.

Mir erzählte eine Frau, der es sehr schlecht ging und die sich selbst immer wieder abgewertet hat, dass sie im

Urlaub eine intensive Erfahrung machen durfte. Auf einmal hat sie sich ganz eins gefühlt. Sie hat in sich einen tiefen Frieden gespürt. Sie war eins mit sich selbst, aber auch eins mit Gott. Das hat ihre Unruhe aufgehoben, das hat sie von ihrer krankhaften Selbstentwertung befreit. Diese Frau hatte lange Zeit Therapie gemacht. Sie wusste um alle ihre Verletzungen. Sie konnte sie jedem genau erklären. Aber das Wissen um die Wunden hat sie nicht geheilt. Sie brauchte eine tiefe Erfahrung. Hier war es keine Erfahrung, die durch die Liebe eines Menschen vermittelt worden ist, sondern eine unmittelbare Gotteserfahrung. Sie war allein im Urlaub und erfuhr bei einem Waldspaziergang auf einmal, dass alles gut ist. Sie spürte sich selbst, sie fühlte sich im Einklang mit sich, mit der Natur und mit allem, was um sie herum war, letztlich auch im Einklang mit Gott. Das hat ihre Wunden geheilt. Natürlich sieht diese Heilung nicht so aus, als ob die Frau nie mehr Probleme mit ihrem mangelnden Selbstwertgefühl hätte. Die entwertenden Gedanken werden wieder kommen. Aber sie hat etwas, das sie dagegen setzen kann, nicht eine Einsicht, sondern eine Erfahrung, die sie von Grund auf verwandelt hat.

Ernesto Cardenal hat in seinem berühmten »Buch von der Liebe« eindrücklich beschrieben, wie der Mensch erst wahrhaft frei und heil wird, wenn er liebt, wenn er die Liebe Gottes, die in allem da ist, in seinem Herzen zulässt. Er beruft sich auf Teresa von Avila, die davon spricht, dass in der innersten Kammer unserer Burg Gott als die Liebe wohnt, ja dass Gott verrückt ist vor Liebe

zu uns. »Unsere Seele ist das Prunkgemach, zu dem nur Gott einen Schlüssel hat. Und wenn er nicht eintritt, bleibt es eben leer.«[29] Nur wenn wir uns nach innen wenden und in unserem Innern Gott als die Liebe entdecken, werden wir das, was wir eigentlich sind: Menschen, die nach Gottes Ebenbild geschaffen sind, die nichts sind als Liebe. Die unverfälschte Substanz unseres Wesens ist Liebe. Und nur wenn wir unsere Augen öffnen für diese tiefste Wirklichkeit, werden wir wahrhaft Mensch. Dann werden wir nicht mehr bestimmt von unseren Verletzungen und Kränkungen, sondern von der Liebe, die unsere Wunden verwandelt, die sie zu einem Schrei nach Liebe formt. Immer wieder kommt Cardenal auf die innere Kammer zu sprechen, die in uns ist und in der Gott als die Liebe wohnt: »Im Innern jedes menschlichen Wesens gibt es einen Raum, einen ganz persönlichen Bereich, zu dem nur Gott Zutritt hat. Aber die meisten Menschen ignorieren das Vorhandensein dieses innersten Raumes, und darum ist ihr Herz leer und ohne Liebe.«[30] Erst wenn wir die göttliche Liebe auf dem Grund unserer Seele entdecken, hören wir auf, gehetzt und voller Gier draußen in der Welt die Befriedigung unserer Bedürfnisse zu suchen. Viele bleiben unbefriedigt in ihrer Suche nach einer Liebe, die ihr ganzes Herz erfüllt. »Sie suchen ihr Glück in so lächerlichen Dingen wie im Geld, im Alkohol oder im Vergnügen mit all der Kraft ihrer Sinne, die doch zum Schauen der Seligkeit bestimmt ist.«[31] Sie könnten nur dann wirklichen Frieden in ihrem Herzen erfahren, schreibt Cardenal, »wenn sie sich ihrem eige-

nen Inneren zuwenden würden, zur Großen, Einzigen Liebe, die in ihnen pulsiert und atmet«.[32] Für Ernesto Cardenal war die Erfahrung der Liebe Gottes heilend. Vor seinem Eintritt bei den Trappisten hat er auf viele Weisen geliebt. Jetzt erfährt er, dass Gott ihn auf unvergleichliche Weise liebt: »Meine früheren Lieben haben mich gelehrt, was diese Liebe bedeutet. Ich weiß, wie du mich liebst, denn auch ich habe geliebt und weiß, was Leidenschaft und Besessenheit ist und Verrücktsein nach jemandem. Und du bist verrückt nach mir und liebst mich mit Besessenheit. Du liebst mich mit allen meinen Schwächen, mit allen Fehlern, geerbten wie dazuerworbenen, mit meinem Wesen, geradeso wie es ist, mit meiner Überempfindlichkeit und meinem Temperament, mit meinen Angewohnheiten und meinen Komplexen. Du liebst mich, wie ich bin.«[33] Das war für Cardenal eine heilende Erfahrung, die seinem Leben eine neue Qualität gab. Früher fühlte er sich trotz der Erfahrung vieler Lieben zu einzelnen Menschen nachts oft einsam und sein Seufzen ging ins Leere. Jetzt aber kann er sagen: »Fast spüre ich in meinem Innern, tiefer innen als ich selbst, Seinen Atem.«

Die Wunden, die jeder von uns mit sich schleppt, sind letztlich bedingt durch den Mangel an Liebe. Wir sind als Kinder in unserer Einmaligkeit nicht angenommen worden. Wir haben keine wirkliche Liebe erfahren. Wir sind benutzt worden, anstatt geliebt zu werden. Die Erwachsenen haben uns dazu gebraucht, ihre eigenen Bedürfnisse zu erfüllen. Aber unsere tiefsten Bedürfnisse

haben sie übersehen. Der Mangel an Liebe hat uns krank gemacht. Die Heilung ist nur möglich, wenn wir die Liebe erfahren, wenn Menschen uns bedingungslos lieben und wenn wir in der menschlichen Liebe die unendliche Liebe Gottes erkennen. Aber die Liebe Gottes ist nicht abhängig von der menschlichen Liebe. Sie ist auch in unserem Herzen gegenwärtig. Daher brauchen wir nicht ständig nach Menschen Ausschau zu halten, die uns lieben. Ich erlebe in Gesprächen oft die Klage darüber, dass sich da einer seit seiner Kindheit nach Liebe sehnt und sie nie bekommen hat. Solche Menschen haben oft eine so maßlose Sehnsucht nach Liebe, dass sich keiner traut, sich ihnen zu nähern. Denn jeder, der ihnen etwas Liebe entgegenzubringen versucht, wird von ihnen völlig in Beschlag genommen und vereinnahmt. Ihre Übererwartung an die Liebe eines Menschen macht es ihnen unmöglich, dass sie die Liebe erfahren, nach der sie sich sehnen. Im Gespräch versuche ich, auf diese Klage in zweifacher Richtung zu antworten. Zum einen lenke ich ihren Blick auf die Liebe, die sie schon erfahren haben, auf die Liebe ihrer Eltern, ihrer Freunde, auf die vielen kleinen Zeichen der Liebe, die sie täglich erleben, in einem freundlichen Blick, in einem Geschenk, in einem guten Gespräch. Wenn sie die Maßlosigkeit ihrer Bedürfnisse ablegen, dann werden sie überall solche Zeichen der Liebe entdecken. Zum andern versuche ich, dem über seinen Mangel an Liebe klagenden Menschen einen Weg zu zeigen in sein Herz, in dem die Liebe wohnt. Er könnte sich gar nicht so nach Liebe sehnen,

wenn er sie in sich nicht spüren würde. Statt mit seiner Sehnsucht nach außen zu gehen, sollte er vielmehr in seinem Innersten den Grund seiner Sehnsucht entdecken, die Liebe Gottes, die schon in ihm ist. Wenn er sich vorstellt, dass da in seinem innersten Raum Gott als die Liebe wohnt, dass da Wärme und Milde, Zärtlichkeit und Liebkosung sind, und wenn er sich in diese Liebe hineinfallen lässt, dann erlebt er mitten in seiner Mangelerfahrung eine Ahnung davon, dass schon alles in ihm ist. Die Liebe, nach der er sich so sehnt, erfüllt schon sein Herz. Er müsste sie nur entdecken. Er brauchte nur daran zu glauben und sie im Glauben zu sehen und zu fühlen. Der Glaube befreit ihn von der Blindheit, mit der er die Liebe in seinem Herzen übersehen hat. Wenn ich die Liebe sehe, kann ich sie auch spüren. Dann wird sie ihre heilende Kraft in mir entfalten können.

Sich die Liebe nehmen

Viele wollen ihre Verletzungen abarbeiten, indem sie viel leisten, entweder für Menschen, um ihre Zuwendung zu bekommen, oder für Gott, um sich seine Liebe zu erkaufen. Aber durch Leistung werden sie die Liebe nie erfahren, die ihnen Gott entgegenbringt. Sie wollen ihre Verletzungen selber heilen. Aber das gelingt ihnen nicht. Sie überanstrengen sich und werden dabei immer schwächer – wie die blutflüssige Frau, die sich die Liebe erkaufen möchte, indem sie alles hergibt (Mk 5,25-34).

Sie gibt ihr Blut her, ihre ganze Lebenskraft fließt von ihr ab. Sie steht für die Frauen, die in einer Beziehung alles hergeben und dabei immer schwächer werden. Sie verausgaben sich in ihrer Liebe und fühlen sich schließlich blutleer. Wer viel gibt, der braucht auch viel. Aber er bekommt durch Geben meistens nicht, was er ersehnt. Die blutflüssige Frau gibt ihr ganzes Vermögen für die Ärzte aus. Wenn sie in der Beziehung schon nicht bekommt, was sie ersehnt, so möchte sie die Zuwendung von den Ärzten und Therapeuten erreichen. Dafür muss sie bezahlen. Aber auch hier bekommt sie nicht, was sie ersehnt. Sie gibt mit ihrem Vermögen ihre Möglichkeiten her, ihre Fähigkeiten, ihre Begabung, ihre Kraft. Sie tut viel für andere, um ihre Zuwendung zu erkaufen. Sie gibt so viel her, weil sie viel Liebe braucht. Sie sehnt sich nach Liebe. Und sie glaubt, diese Liebe nur erreichen zu können, indem sie alles gibt, was sie hat, ihr Leben und ihr Vermögen. Aber indem sie alles gibt, um endlich geliebt zu werden, geht es ihr immer schlechter. Sie steht leer und ausgebrannt da, ihre ganze Kraft ist im Blut abgeflossen. Ihre Heilung kann erst beginnen, als sie aufhört, die Liebe durch Geben zu erkaufen, und anfängt, sich die Liebe zu nehmen, die schon da ist, die ihr in Jesus begegnet. Sie nimmt sich den Saum seines Gewandes. Sie packt selber zu. Sie bittet nicht um Zuwendung, sondern nimmt sie sich. Sie greift nach dem Gewand Jesu. Sie tut es noch heimlich, weil sie es sich selbst noch nicht eingestehen will. Sie hat sich so sehr mit ihrer Rolle der Gebenden identifiziert, dass ihr das

Nehmen noch schwer fällt. Daher tut sie es im Verborgenen. Aber kaum hat sie den Saum von Jesu Gewand genommen, da erfährt sie die Liebe, nach der sie sich immer gesehnt hat. Die Liebe ist da. Wir brauchen sie nur zu ergreifen. Dann wird sie uns heilen. Jesus bestätigt ihr Tun. Er spricht sie liebevoll an: »Meine Tochter, dein Glaube hat dir geholfen. Geh in Frieden! Du sollst von deinem Leiden geheilt sein« (Mk 5,34). Jesus spricht sie als Tochter an. Jetzt erfährt sie väterliche Zuwendung. Jetzt ist eine Vater-Tochter-Beziehung da, in der sie die Liebe erfährt, nach der sie sich immer gesehnt hat. Und die Erfahrung dieser Liebe schenkt ihr inneren Frieden und heilt ihre Wunden.

Sich vor der Liebe verschließen

Ein anderer Weg, auf den Mangel an Liebe zu reagieren, besteht darin, dass wir uns völlig verschließen, um den Schmerz nicht mehr spüren zu müssen, den wir in der Kränkung erfahren haben. Da ist ein Mann, der als Kind in einem Aufsatz seine ganze Liebe und Begeisterung herausgeschrieben hat, weil das Thema ihn persönlich angesprochen hat. Als der Lehrer die Aufgabe zurückgibt, zerreißt er seinen Aufsatz, ohne einen Kommentar zu geben. Das Kind hat sich innerlich zerrissen gefühlt. Sein Herz, das es geöffnet hatte, wurde zerrissen. So schwor es sich, sein Herz niemandem mehr zu zeigen, um nicht noch einmal so zerrissen zu werden. Der Mann

kapselt sich ab. Aber zugleich sehnt er sich nach Nähe. Er sehnt sich danach, sein Herz einem Menschen gegenüber öffnen zu dürfen, der ihn bedingungslos liebt, bei dem er keine Angst zu haben braucht, zerrissen, auseinandergenommen, analysiert zu werden. Aber er traut sich nicht, seiner Sehnsucht zu folgen. Zu groß ist die Angst vor der Verletzung. Sobald sich ihm jemand liebevoll zuwendet, zieht er sich zurück, aus Angst, er könne wieder so grausam verletzt werden. So ist es ein Teufelskreis, aus dem er nicht herausfindet. Er müsste erst langsam lernen, den kleinen Zeichen von Liebe zu trauen, die Menschen ihm entgegenbringen, um sich dort, wo er Liebe wahrnimmt, allmählich zu öffnen. Wichtig ist aber, dass er auf das eigene Herz hört. Er soll sich da nicht überfordern. Er soll sich seiner Angst entsprechend öffnen und nicht mit Gewalt die Angst überspringen. Dann wird langsam Vertrauen wachsen. Zugleich aber wäre es auch hilfreich, die Liebe nicht nur von Menschen zu erwarten, sondern sich der Liebe zuzuwenden, die schon in ihm ist, der Liebe Gottes, die im Innersten seines Herzens wohnt. Wenn er mit seinem Herzen in Berührung kommt und mit der dort innewohnenden Liebe, dann hört die Maßlosigkeit in seiner Sehnsucht auf, dann wird er befreit von dem Zwang, sich immer wieder von neuem verschließen zu müssen. Er kann sich langsam auftun und das Leben wieder leise lernen.

Da ist eine Frau, die als Kind ihr Elternhaus als kalt und unbarmherzig erlebt hat. Die Mutter war wie ein Oberfeldwebel, der sie nur herumkommandiert hat, un-

fähig war zu Zärtlichkeit und Liebe. Als die Tochter in einem Internat eine Erzieherin erlebt, die sich ihr zuwendet, geht ihr Herz auf. Sie erfährt das erste Mal so etwas wie Liebe. Sie beschließt, in der Schule nichts mehr zu lernen, um durchzufallen und so noch ein Jahr im Internat bleiben zu können. Als das nicht gelingt, bekommt sie solche Angst, in die Kälte des Elternhauses zurückkehren zu müssen, dass sie Tabletten nimmt und nicht mehr weiterleben möchte. Es braucht viel Zeit und Geduld und vor allem Liebe, die einen Raum eröffnet, über all diese Kälte reden zu dürfen, damit solch tiefe Verwundung heilen kann. Denn es hat sich in ihr ein tiefes Misstrauen breit gemacht, sowohl Menschen als auch Gott gegenüber. Sie sehnt sich nach Nähe, und zugleich wehrt sie sich dagegen. Denn sie hat Angst, sie müsste sich sonst selber aufgeben. Sie wäre nicht mehr sie selbst. Und bei Gott hat sie immer die Angst, er würde ihr eines auswischen.

So verschließt sie sich ihm gegenüber, um sich selbst zu schützen. Aber das ist kein wirkliches Leben. Wie kann diese Frau in ihrer Zerrissenheit mit sich selbst in Einklang kommen? Sie möchte sich in Gottes Liebe hinein fallen lassen. Aber es gelingt ihr nicht. Zu tief ist das Misstrauen diesem Gott gegenüber. Es braucht viel Geduld und Behutsamkeit, dieser zutiefst verletzten Frau die Liebe Gottes durch das eigene Wohlwollen und Verstehen hindurch so zu vermitteln, dass sie daran glauben und ihre Absicherungsmaßnahmen aufgeben kann. Es wäre nicht hilfreich, sie nur aufzufordern, dass sie an

Gottes Liebe glauben müsse. Diese Liebe Gottes muss in den Worten spürbar werden, sie muss in der Atmosphäre des Gesprächs anwesend sein, damit sie auch daran glauben kann. Aber auch der Begleiter darf sich nicht unter Druck setzen, dass er durch seine Zuwendung die Liebe Gottes vermitteln muss. Denn es ist immer ein Geheimnis der Gnade, wenn ein Mensch in seinem Herzen von der Liebe Gottes angerührt wird. Ein Weg könnte für diese Frau auch darin bestehen, dass sie einfach so tut, als ob sie geliebt würde, als ob sie an die Liebe Gottes glaube. Denn in all ihren Zweifeln und in ihrem Misstrauen ist doch auch die Sehnsucht nach der Liebe Gottes vorhanden. Wenn sie daher ein Wort aus der Schrift, das ihr die Liebe zusagt, einmal unter der Voraussetzung in ihr Herz fallen lässt, dass es stimmt, dann kann sie erahnen, dass die Liebe Gottes nicht nur ein Wort ist, sondern die eigentliche Wirklichkeit. Thomas Merton sagt von dieser Liebe, dass sie nicht irreal ist: »Im Gegenteil, Liebe ist die einzige Realität.«[34] Die Frau könnte daher das Wort, das Gott in der Taufe an seinen Sohn richtet, auf sich beziehen und es in ihr Herz fallen lassen und dabei für eine Stunde einmal alle Zweifel wegschieben, bis das Wort erfahrbar wird: »Du bist meine geliebte Tochter. An dir habe ich Gefallen.« Du bist wichtig für mich. Du bist einzig. Oder sie kann vor dem Kreuz die offenen Arme Jesu meditieren und sich vorstellen, dass er sie für sie öffnet, um sie zu umarmen, dass sie für Jesus so wichtig ist, dass er sich für sie hingibt und für sie stirbt.

Besonders schwer lässt sich die verwundete Liebe heilen, die sexuell missbrauchte Frauen erfahren haben. Sie haben den Vater geliebt und bei ihm Nähe erfahren. Sie waren das Lieblingskind des Vaters. Aber das wurde erkauft durch die sexuellen Übergriffe, die der Vater dem Kind als Ausdruck seiner Liebe deutete. Das hat im Kind eine tiefe Gefühlsverwirrung hervorgerufen. Jetzt hat es Angst, bei jeder Liebe wieder benutzt zu werden. Viele Frauen verschließen sich dann der Liebe, um sich vor der Übergriffigkeit der Männer zu schützen. Das ist verständlich und hat auch seine Berechtigung. Nur sollten sie langsam lernen, zu unterscheiden, wo Männer Vertrauen erwecken und wo sie eher übergriffig erscheinen. Andere Frauen reagieren die Verletzung so aus, dass sie sich ständig an Männer hängen. Sie definieren sich nur noch vom Mann her. Das scheint paradox zu sein, da sie doch von einem Mann so verletzt worden sind. Aber sie setzen so die Verletzungen fort, die sie als Kind erfahren haben. Sie verletzen sich selbst, weil sie die Verletzung ihrer Kindheit nicht aufgearbeitet haben. Sie sehnen sich danach, ihr Bedürfnis nach einer lauteren und reinen Liebe endlich von einem Mann erfüllt zu bekommen. Aber sie werden immer wieder verletzt. Gerade da wäre der Weg nach innen angemessen, um wirkliche Heilung der Wunden erfahren zu können. Sie müssten sich erst einmal selbst lieben können und ihre Meinung aufgeben, sie seien nur dann liebenswert, wenn Männer sie lieben. Sie sind in sich liebenswert und liebesfähig. In ihrem Herzen ist schon Liebe. Der Weg nach innen würde heißen, Gottes Liebe im

eigenen Herzen zu erspüren und an sie zu glauben. Die könnte sie befreien von dem Kreisen um die menschliche Liebe, die sie nie so erfahren werden, wie sie es erhoffen.

Die Ambivalenz der Liebe

Die Ambivalenz solcher Menschen, die sich nach Liebe sehnen und sie dort, wo sie ihnen entgegengebracht wird, ablehnen, beschreibt Markus eindrucksvoll bei der Heilung des Besessenen von Gerasa (Mk 5,1-20). Da ist ein Mann, der in der Kälte des Todes lebt. Er haust in den Grabhöhlen. Er ist völlig abgeschnitten von menschlicher Liebe. Eine Frau erzählte mir, dass sie schon als Kleinkind in so einer Grabhöhle gehaust hat. Die Mutter konnte keine Beziehung zu ihr aufbauen, weil sie ihr insgeheim den Vorwurf machte, sich durch ihre Geburt nicht mehr vom Vater lösen zu können. Die Mutter konnte den Säugling nicht stillen und nicht für ihn sorgen. Als Reaktion verweigerte das Kind die Nahrung. Es wuchs ohne Beziehung zur Mutter auf. In so einem Umfeld wachsen die Aggressionen. Der Besessene von Gerasa lässt sich nicht bändigen. Er zerreißt alle Fesseln, in die man ihn einzwängen möchte. Und er verletzt sich selbst. Er schlägt sich mit den Steinen, um die Aufmerksamkeit auf sich zu lenken. Wer sich selbst verletzt und quält, tut es in der Hoffnung, dass doch irgendein Mensch seinen Schmerz sieht und ihn heilt. Der Besessene schreit bei Tag und bei Nacht. Wer schreit, der

möchte Zuwendung, der schreit letztlich nach Liebe. Aber als dann Jesus kommt und ihm mit seiner Liebe begegnet, da faucht er ihn an: »Was habe ich mit dir zu tun ... Quäle mich nicht!« (Mk 5,7). Aus der Kälte der Lieblosigkeit heraus erlebt er die Liebe eines Menschen als Qual. Er wird von dieser Liebe angezogen. Aber er kann sie nicht annehmen. Denn sie würde das Eis seines Gefühlsgletschers auftauen. Und das würde wehtun. Er hat sich so in seinem kalten Lebensgebäude eingerichtet, dass die Wärme einer Liebe, nach der er sich sehnt, für ihn unerträglich wäre. Jesus durchbricht diesen Widerstand gegen die Liebe, indem er ein Gespräch mit ihm anfängt, indem er ihn erst einmal nach seiner Identität und nach seiner Geschichte fragt. Die Frage »Wie heißt du?« (Mk 5,9) ist nicht nur die Frage nach seinem Namen, sondern nach dem, was ihn ausmacht. Erst als der Besessene von den vielen Dämonen erzählt, die in ihm hausen, und als Jesus auf seine Wünsche eingeht, wird er offen für die Liebe Jesu, die ihn von den Dämonen befreit. In der geistlichen Begleitung fühle ich mich manchmal hilflos, einem Menschen, der sich nach Liebe sehnt und sich zugleich vor jeder Zuwendung verschließt, den Blick für die Liebe und das Leben zu öffnen. Jesus zeigt hier einen Weg: Ich muss mir erst das ganze Ausmaß der Kälte und Verzweiflung erzählen lassen und ich muss auf die Überlegungen und Strategien des Verzweifelten eingehen. Erst dann kann die Abwehr sich allmählich lösen. Das Eis kann langsam zerfließen. Und das Herz wird offen für die Liebe.

Die Frau, die als Kind im Eiskeller der Beziehungslosigkeit gelebt hat, hat ihre Mutter mit aggressivem Verhalten bestraft und sie völlig hilflos in ihren Schuldgefühlen zurückgelassen. Sie hat ihre Aggressionen in der Therapie herausgeschrien. Aber das hat ihren Schmerz nur noch vertieft. Der Weg aus dem Eiskeller führte über ihre eigene Sehnsucht nach Liebe. Als Kind ist sie dieser Sehnsucht gefolgt. Da hat sie genau gewusst, was ihr helfen kann. Sie ist in den Wald gelaufen und hat dort stundenlang auf einem Hochsitz gesessen. Da hat sie etwas von der mütterlichen Liebe der Natur erfahren. Wenn sie dieser mütterlichen Liebe Gottes, die ihr in der Schöpfung begegnet, traut, dann braucht sie sich nicht mehr wie der Besessene den Kopf wund zu schlagen am Gletscher ihrer Verlassenheit. Dann kann sie die Verlassenheit anschauen und zugleich die Liebe entdecken, die sie umfasst, die große Liebe Gottes, in der sie auch als von der Mutter Verlassene geborgen und gehalten ist. Diese Frau konnte nicht an die Liebe Gottes glauben. Für sie war Gott sowohl als Vater als auch als Mutter zu weit weg. Aber in der Natur hat sie sich von einer mütterlichen Liebe umhüllt gewusst. Und diese Liebe, die sie in der Schöpfung erfahren hat, war ihre Lebensspur, auf der sie wieder gelernt hat zu leben und zu lieben.

7. Psychologische und spirituelle Wege der Heilung

Ich möchte hier keine theoretische Abhandlung über die Beziehung zwischen psychologischer und spiritueller Begleitung schreiben. Darüber gibt es viele Überlegungen in der Literatur. Nur einige Erfahrungen möchte ich erzählen, die ich in der geistlichen Begleitung gemacht habe. Für mich ist es wichtig, dass ich die psychologische Ebene ernst nehme. Ich darf sie nicht überspringen, indem ich auf jede Wunde ein geistliches Pflaster klebe. Aber geistliche Begleitung darf auch die Therapie nicht kopieren. Ihr eigentliches Ziel besteht darin, den Menschen auf einen Weg zu schicken, auf dem er immer tiefer hineinwächst in das Geheimnis der Liebe Gottes zu ihm und der ihn immer fähiger werden lässt, sich selbst, den Nächsten und Gott zu lieben. Dass die Liebesfähigkeit Ziel der Begleitung ist, würden auch die Psychologen sagen. Rogers zum Beispiel sieht das Ziel darin, dass der Patient im Laufe der Therapie immer offener wird für die Erfahrungen seines Lebens, dass er zärtlicher mit sich selbst und mit andern umgeht, dass er achtsamer und behutsamer wird, bereit, sich der ganzen

Wahrheit zu stellen und sich selbst mit seiner ganzen Wahrheit anzunehmen und zu lieben. In der spirituellen Begleitung geht es nicht nur um das Tun des Seelsorgers, sondern auch um die Offenheit für die Gnade des Heiligen Geistes, der im Gespräch auf beiden Seiten wirkt. Und es geht darum, die Liebe Gottes als den Grund des eigenen Lebens zu erfahren.

In der geistlichen und therapeutischen Begleitung werden oft die gleichen Themen angesprochen. Da wird über die Verletzungen der Kindheit gesprochen, über die Aggression und die Sexualität, über die Angst und die depressiven Stimmungen, über Verlassenheit und Einsamkeit, über Beklemmung und Lähmung, über Zerrissenheit und Besessenheit. Aber immer wieder taucht in der geistlichen Begleitung auch die Frage auf: »Was bedeutet das alles für deine Beziehung zu Gott? Wie gehst du damit um aufgrund deines Glaubens an Gottes bedingungslose Liebe? Wohin möchte dich diese Erfahrung führen?« Es geht dann nicht nur darum, die Verletzungen der Kindheit aufzuarbeiten, sondern sie als Absprung in die Liebe Gottes zu erfahren. Das klingt vielleicht als frommer Salto. Doch so ist es nicht gemeint. Ich muss mich erst meiner Wahrheit stellen, meinen Wunden, dem Schmerz und der Wut, die die Erinnerung an die Verletzungen in mir hervorruft. Ich muss in die Gefühle der Wut und des Schmerzes hineingehen. Ich darf sie nicht überspringen, in einer Art »spiritual bypassing«, in einer spirituellen Abkürzung, die so viel leichter zu sein scheint, als sich mit der schmerzlichen Realität ausein-

114

ander zu setzen. In manchen christlichen Kreisen wird da die Vergangenheit zu schnell übersprungen. Eine Frau erzählte mir, dass man ihr immer wieder gesagt habe, sie solle ihre Vergangenheit nicht anschauen. Die sei durch Jesus Christus erledigt. Er habe sie ihr abgenommen. Doch solches autoritäre Verbieten, die Vergangenheit anzuschauen, entspringt eher der Angst vor ihr als dem Vertrauen, dass ich mit meiner Vergangenheit in Gottes guter Hand bin. Die Verletzungen der Kindheit werden wieder auftauchen. Der Glaube allein befreit mich nicht von dem Weg, den mir Christus zumutet, den Weg des Hinabsteigens in das Schattenreich meiner Seele, in die all das hineingezwängt wurde, was ich lange nicht anschauen wollte, weil es mir zu unangenehm war und meinem christlichen Idealbild nicht entsprach.

Die Wunde verweist auf die Liebe

Es geht nicht um ein Ausweichen, sondern um ein bewusstes Anschauen meiner Verletzungen. Aber ich darf nicht dabei stehen bleiben. Irgendwann stellt sich die Frage, wie ich mit meiner Vergangenheit umgehe, was ich daraus mache, ob ich bereit bin, die Verantwortung für mein Leben zu übernehmen. Und in der geistlichen Begleitung gehen die Fragen noch weiter: »Wie gehe ich mit dieser Verletzung um? Muss ich sie alleine aufarbeiten? Was ist Gnade Gottes? Wie kann ich angesichts meiner Wunden an die Liebe Gottes glauben? Wie weit

kann Gottes Liebe meine Wunden verwandeln? Will mich nicht gerade mein Scheitern tiefer in das Geheimnis der göttlichen Liebe einweihen? Wird durch meine Wunden nicht gerade mein Ego aufgebrochen, um mich für den unverfügbaren und unbegreiflichen Gott zu öffnen?« Solche Fragen zu stellen heißt nicht, dass ich sofort eine fromme Antwort parat habe. Aber sie fordern mich heraus, nicht beim Jammern über die Verletzungen stehen zu bleiben, sondern meine Realität mit meinem Glauben zu konfrontieren. Ist mein Glaube an die Liebe Gottes nur ein frommer Anstrich oder kann er meine Wunden verwandeln? Der Glaube an die Liebe Gottes ist keine Wunderdroge, die bei jeder Verletzung wirkt. Für mich ist der Glaube an die bedingungslose Liebe Gottes eine Hilfe, mich ohne Angst meinen Verletzungen zu stellen. Die Liebe Gottes ist für mich eine heilende Atmosphäre, in der ich den Verband von meinen Wunden abnehmen kann, damit der heilende Atem Gottes über die Wunde weht. Meine Wunden möchten mich gerade in die Liebe Gottes hineintreiben. Sie zeigen mir, dass ich angewiesen bin auf Gottes Gnade und Liebe, dass ich mich nicht selber zu heilen vermag. Die Wunde kann mich für Gottes Liebe öffnen. In die offene Stelle kann Gottes Liebe einströmen. Dann spüre ich auf einmal in meiner Wunde trotzdem einen tiefen inneren Frieden. Die Wunde hört nicht auf, weh zu tun. Aber ich wühle nicht mehr in ihr herum. Ich fühle in der Wunde mein Angenommensein und Geliebtsein von Gott. Das verwandelt den Schmerz des Verwundeten in den Schmerz

des Geliebten, der leichter auszuhalten ist. Die Wunde wird zum Ort der Erfahrung Gottes.

Mystagogie (Einweisung) in die Liebe Gottes

Ein Weg, auf dem meine Wunden geheilt werden können, besteht in der konkreten Erfahrung der Liebe Gottes. Die geistliche Begleitung möchte die Menschen hineinführen in die Erfahrung der Liebe Gottes. Es ist eine mystagogische Aufgabe der spirituellen Begleitung. Mystagogie ist die Kunst, den Menschen die Anwesenheit und die heilende Nähe Gottes aufzuzeigen und ihnen den Weg zu weisen in die unmittelbare Erfahrung Gottes. Die Frage ist, wie wir bei der spirituellen Begleitung heute angemessen diese mystagogische Aufgabe erfüllen können. Wie können wir die Menschen, die an sich leiden, hinführen zu der Erfahrung der Liebe Gottes, ohne dass es zynisch wird und ohne dass da zu schnell fromme Lösungen angeboten werden? Henry Nouwen hat in seinem Buch »Du bist der geliebte Mensch« versucht, Menschen, die in einer säkularen Welt leben und nach dem Sinn des Lebens fragen, eine Antwort aus seinem persönlichen Glauben zu geben. Sein Freund forderte ihn auf: »Sprich uns von der tiefsten Sehnsucht unseres Herzens, ... nicht über neue Methoden zur Befriedigung unserer emotionalen Bedürfnisse, sondern über die Liebe.«[35] Und als Nouwen nachdachte, wie er diesen jungen Menschen auf ihre

tiefsten Sehnsüchte antworten könne, tauchte in seinem Herzen immer wieder das Wort »geliebt« auf. »Du bist ganz und gar von Gott geliebt.« Darin sieht er die Antwort auf die wahren Bedürfnisse des Menschen. Darin erkennt er die wichtigste Aufgabe der spirituellen Begleitung, dass sie den Menschen vermittelt, sie seien Gottes geliebte Söhne und Töchter. Aber zugleich ringt Henry Nouwen lange mit der Frage, wie er Menschen von heute, die in einem rein weltlichen Milieu leben, das von Gott nicht berührt zu sein scheint, in die Erfahrung Gottes einführen könne. Sein Freund, der ihn immer wieder zu dieser Aufgabe auffordert, gibt ihm den Rat: »Trau deinem eigenen Herzen. Dann werden dir die Worte kommen.«[36] So will auch ich meinem Herzen trauen, wenn ich nun von der geistlichen Begleitung als einem Weg spreche, Menschen in die Erfahrung der Liebe Gottes einzuweisen.

Die Therapie möchte den Patienten dazu führen, dass er sich selbst annehmen und lieben kann. Dabei öffnet sie ihm auch die Augen für die Menschen, die ihn lieben. Jeder braucht die Erfahrung, dass er um seiner selbst willen geliebt wird. Und jeder Therapeut weiß, wie schwierig es ist, Menschen, die an sich selbst zweifeln, die jede Liebe, die sie von andern erfahren, in Frage stellen, dazu zu führen, dass sie sich geliebt wissen und nun sich selbst lieben können. Wer grundsätzlich an sich zweifelt, der hinterfragt jede Liebe, die er erfährt. Er meint, die andern würden ihn nicht wirklich lieben. Sie würden es nur tun, damit er Ruhe gebe, damit sie ihr schlechtes Gewissen be-

ruhigten, damit sie sich nach außen hin Wohltäter nennen könnten. Der Therapeut würde ihn nicht wirklich lieben, sondern ihm nur sein Wohlwollen zeigen, weil das zu seiner therapeutischen Arbeit gehöre. Es gibt tausend Gründe, die ungeliebte Menschen anführen, um nicht an die Liebe glauben zu müssen. Denn offensichtlich würde der Glaube an die Liebe ihr Lebensgebäude völlig auf den Kopf stellen. Sie könnten sich nicht mehr hinter der Opferrolle verschanzen, dass die andern schuld an ihrer Misere seien. Sie müssten den Panzer aufbrechen, den sie sich angelegt haben, um nichts mehr spüren zu müssen. Sie haben sich als Kinder geschworen, dass sie die Liebe nicht mehr an sich heranlassen, um nie mehr verletzt zu werden. Trotz ihrer starken Sehnsucht, geliebt zu werden, haben sie sich die Liebe verboten, weil sie den Schmerz nicht zulassen möchten, der mit der Liebe immer auch verbunden ist.

Der Weg der Therapie beschränkt sich nicht nur darauf, den Patienten aufgrund der Liebe, die er erfahren hat, zur Selbstliebe zu befähigen. Vielmehr gehört es zur seelischen Gesundung auch, dass der Mensch fähig wird, andere zu lieben. Wer sich selbst liebt, der kreist nicht ständig um sich, der klammert sich nicht immer an sich selbst fest, sondern öffnet sich andern gegenüber. Weil er in der Therapie offen geworden ist, sich selbst in seiner ganzen Wahrheit anzuschauen, hat er nun auch einen Blick für die Not des andern. Und er ist bereit, sich auf andere einzulassen, nicht nur andern in ihrer Not zu helfen, sondern auch seiner eigenen Sehnsucht zu folgen

und die Nähe von Menschen zuzulassen, die ihn anziehen. Zur Gesundheit gehört die Fähigkeit, sich lieben zu lassen, Liebe zuzulassen und auch selbst zu lieben. So ist die Befähigung zur Nächstenliebe durchaus auch Ziel der Therapie.

Die geistliche Begleitung weitet den Blick über die Liebe, die der Begleitete von andern erfahren hat, und über die Liebe, die er sich und anderen Menschen schenken kann, hin zur Liebe Gottes. Ihre Kunst besteht darin, dem Begleiteten zu vermitteln, dass er von Gott bedingungslos geliebt wird. Es ist eine Kunst. Denn es genügt nicht, dem andern diese Worte nur zuzusagen. Die Worte, dass der Begleitete geliebter Sohn, geliebte Tochter Gottes ist, müssen beim andern in jeder Zelle seines Wesens widerhallen. Henry Nouwen hat die Stimme Gottes bewusst hineingesprochen in die vielen Stimmen, die Menschen sonst über sich hören: »Du taugst zu nichts, du bist hässlich, du bist wertlos, bist unnütz, du bist niemand – oder beweise gefälligst das Gegenteil!«[37] Indem ich die Liebe Gottes gerade in die Situationen hineinhalte, in der sich jemand nicht lieben kann, in der sich einer abgelehnt und zutiefst wertlos fühlt, kann manchmal die Blockade aufgebrochen werden und der andere vermag – vielleicht noch ganz schwach – daran zu glauben, dass er im Grunde seiner Existenz geliebt ist. Manchmal hat der Begleiter auch das Gefühl, gegen taube Ohren anzureden.

Da muss er dann behutsamer mit seinen Worten umgehen. Seine Worte müssen durch seine Ausstrahlung ge-

deckt sein und durch die Erfahrung, die er vermittelt. Manchmal klingen die Worte von der Liebe Gottes über- trieben und unecht. Man hat den Eindruck, dass der andere deshalb so viele Worte machen und sich in Euphorie hin- einsteigern muss, weil er in der Tiefe seines Herzens selbst nicht glauben kann, dass er wirklich geliebt ist.

Die heilende Erfahrung der Liebe Gottes

Ernesto Cardenal hat in seinen Meditationen über die Liebe versucht, den Menschen die Augen dafür zu öff- nen, dass Gottes Liebe sie überall umgibt, dass alles Ausdruck dieser göttlichen Liebe ist. Ich kenne keinen, der sich dem Zauber seiner Worte ganz entziehen könnte. Aber auch da ist ein Unterschied, ob ich mich an seinen Worten erbaue oder ob ich versuche, sie wirklich zu glauben. Glauben heißt dabei nicht nur, für wahr hal- ten, sondern versuchen, mich mit allen Sinnen dem zu öffnen, was Cardenal mir zusagt: »Die Liebe Gottes um- gibt uns von allen Seiten. Seine Liebe ist das Wasser, das wir trinken, die Luft, die wir atmen, und das Licht, das wir schauen. Alle natürlichen Phänomene sind nichts an- deres als verschiedene materielle Formen der Liebe Gottes. Wir bewegen uns in Seiner Liebe wie der Fisch im Wasser.«[38] Es braucht nicht nur den Glauben, um diese Wirklichkeit erfahren zu können. Ich muss dann auch auf neue Weise mit dem Wasser, mit der Luft, mit der Nahrung umgehen. Ich muss mir bei jedem Schluck

Wasser vorstellen, dass ich Gottes Liebe darin trinke. Und bei jedem Schluck Wein kann ich mir mit dem Verliebten aus dem Hohenlied sagen: »Süßer als Wein ist deine Liebe« (Hl 4,10). Der achtsame und behutsame Umgang mit allen Dingen kann mir vermitteln, dass ich in allem auf Gottes Liebe stoße, dass ich in allem Gottes Liebe zu mir berühre. Das wird mein Leben verändern. Ich werde aufhören zu jammern, dass keiner mich liebt, dass ich mich so sehr nach Nähe sehne, sie aber nicht erfahre, weil sich keiner um mich kümmert, weil niemand mich für liebenswert hält. Die Liebe umgibt mich. Ich muss sie nur ergreifen. Ähnlich wie viele nicht an die Liebe ihrer Eltern oder Freunde glauben wollen, so weigern sie sich, an die Liebe Gottes zu glauben, die sie genauso real umgibt wie die Liebe ihrer Eltern.

Aber wie kann ein Mensch an die Liebe Gottes glauben, der gerade den Verlust eines lieben Menschen erfahren oder seine Kindheit als Hölle erlebt hat? Ich kann die Liebe Gottes nicht als Trostpflaster nehmen und auf die schwärende Wunde kleben. Ich muss erst behutsam die Wunde anschauen und sie verbinden. Das ist dann Ausdruck der Liebe Gottes, während die zu frühen Worte von seiner Liebe eher als Flucht vor der Wirklichkeit und als Sich-Verschließen vor dem Schmerz des andern erscheinen. Viele machen gerade im tiefsten Schmerz über ihr Scheitern, über das Zusammenbrechen einer Freundschaft, über den Verlust des geliebten Menschen eine spirituelle Erfahrung. Wenn ihnen alles genommen ist, worauf sie ihre Existenz gebaut haben, erahnen sie auf einmal,

dass sie in der Tiefe eins sind mit dem Grund allen Seins und dass trotz aller Enttäuschung im Grunde alles gut ist. Sie würden das nicht als Gotteserfahrung bezeichnen. Geistliche Begleitung heißt für mich, mit dem anderen Menschen gemeinsam seine Erfahrungen so anzuschauen, dass er darin seine Sehnsucht und sein Erahnen einer ihn tragenden Liebe Gottes erkennt.

Die Spuren der Liebe in der Kindheit

Für mich genügt es nicht, nur liebevoll mit den verletzten Menschen umzugehen. Wie kann ein Mensch, der an seinem Missbrauch, an seinem Geschlagen-Werden, Abgelehnt-Werden, Entwertet-Werden leidet, dennoch an die Liebe Gottes glauben? Ein Weg ist die Zusage der Liebe Gottes. Ein anderer Weg besteht darin, schon in der Situation der Verletzungen nach Spuren der Liebe Gottes zu suchen. Wo hat das Kind bei aller Kälte und Grausamkeit seiner Umgebung doch etwas von Liebe erfahren? Wo waren väterliche oder mütterliche Menschen, die ihm ein Gespür von Liebe vermittelt haben? Und wo hat sich das Kind trotz allem geliebt gefühlt? Wo konnte es sich fallen lassen? Wo war es gerne? Wo konnte es sich vergessen? Eine Frau, die in den letzten Kriegsjahren bei den Erwachsenen nur Angst erlebt hat und die sich nur ungern an den feuchten und dunklen Bunker und an zu enge Häuser erinnert, in denen viele fremde Kinder waren und in denen sie sich nicht daheim fühlte, hat mitten in dieser heimatlo-

sen Welt Geborgenheit und Liebe erfahren, wenn sie in ihrem eigenen Bett schlafen konnte, wenn sie die Decke über den Kopf zog und die Wärme genoss. In diesem Augenblick war etwas von Geborgenheit in ihr, eine tiefere Geborgenheit, als die Menschen ihr schenken konnten. Da war eine Ahnung der Liebe Gottes mitten in der Lieblosigkeit der Menschen. Solche Erinnerungen können ihr heute helfen, an die Liebe Gottes zu glauben, da sie sich oft genug einsam und unverstanden fühlt, da sie an sich und ihrer Verschlossenheit leidet. Dann ahnt sie: Es gibt noch etwas anderes als meine Probleme, als meine Unfähigkeit, mit meinem Leben zurecht zu kommen. Es gibt die Liebe Gottes, die mich jetzt in diesem Augenblick umgibt, die ich spüren kann, wenn ich mich in mein warmes Bett kuschle, die ich einatmen kann, die ich in der Wärme der Sonne hautnah fühle.

Die Meditation biblischer Zusagen der Liebe

Ein anderer Weg, um mitten in der Erfahrung des Ungeliebtseins die Liebe Gottes zu erfahren, ist die Meditation biblischer Texte. Da sind einmal die wunderbaren Worte der Propheten, die uns diese Liebe zusagen. Wir müssen sie in uns hineinfallen lassen, sie uns immer wieder vorsagen und sie meditieren. Die Zweifel, die bei solchen Worten hochkommen, sollten wir einmal beiseite lassen und sie uns für den nächsten Tag aufheben. Wir sollten einfach mal so tun, als ob die Worte der Bi-

bel stimmten. Dann werden sie unsere Sehnsucht, geliebt zu werden, ansprechen und unser Herz weiten.
Wenn das stimmt, was Gott bei Jeremia sagt: »Mit ewi-
ger Liebe habe ich dich geliebt, darum habe ich dir so
lange die Treue bewahrt« (Jer 31,3), wie fühle ich mich
dann? Wie kann ich dann meine Lebensgeschichte sehen? Wie kann ich auf meine Verletzungen schauen?
Wie erlebe ich mich jetzt in diesem Augenblick, da
Gottes ewige Liebe mich persönlich meint? Ist das zu
schön, um wahr zu sein? Oder kann ich davon leben?
Können diese Worte mir eine andere Sichtweise für mein
Leben vermitteln? Kann ich im Licht dieser Worte Ja sagen zu mir selbst, einverstanden sein mit meiner Lebensgeschichte, ausgesöhnt mit mir selbst?

Im Buch Hosea spricht Gott zu Israel: »Als Israel jung
war, gewann ich ihn lieb, ich rief meinen Sohn aus
Ägypten. Je mehr ich sie rief, desto mehr liefen sie von
mir weg« (Hos 11,1f). Mit diesem Wort könnte ich
meine Lebensgeschichte durchgehen. Vielleicht war das
auch meine Geschichte, dass ich von Kind an von Gott
weggelaufen bin, weil anderes für mich wichtiger war,
weil mich die Baale mehr interessierten, weil Erfolg und
Anerkennung für mich wichtiger waren. Wenn ich meine
Geschichte durchgehe und mir vorstelle: In allen meinen
Wegen, Umwegen und Irrwegen hat Gott mich geliebt,
hat er seine liebende Hand nie von mir weggezogen,
dann werde ich meine Kindheit mit anderen Augen anschauen. Dann kann ich erahnen, dass Gottes Liebe mich
auch dort umgeben hat, wo ich sie nicht wahrgenommen

habe, weil die Lieblosigkeit der Menschen mich verletzt
hat. Dann wird nach der Wut und dem Schmerz über die
Verletzungen auch die Ahnung von Liebe und Geliebtwerden in mir aufsteigen: Auch mit meinen Wunden und
in meinen Wunden bin ich immer der geliebte Sohn, die
geliebte Tochter Gottes gewesen.

Behutsames Hinführen zur Liebe Gottes

Oft haben wir eine falsche Vorstellung von Gottes Liebe.
Wir meinen, Gott würde uns nur lieben, wenn er auch unsere Wünsche erfüllt. Eine Frau, die mit vierzig noch keinen Mann hat, obwohl sie sich danach sehnt, betet immer
wieder darum, dass Gott ihr doch einen Mann schicken
möge, mit dem sie gemeinsam ihren Weg gehen kann.
Aber ihre Bitten haben keinen Erfolg. Gottes Liebe zeigt
sich nicht immer darin, dass er unsere Bitten erfüllt. Es hat
keinen Zweck, dieser Frau zu sagen, sie solle noch mehr
beten oder mit größerem Vertrauen bitten, dann werde ihr
schon zuteil, worum sie bittet. Es ist auch nicht sinnvoll,
ihr ihre Sehnsucht auszureden, einen lieben Mann zu finden. Aber sie soll frei werden von der Fixierung auf eine
Beziehung mit einem Mann, als ob nur ein Mann sie
glücklich machen könnte. Mit ihrer Sehnsucht würde sie
jeden Mann überfordern. Mir scheint da der richtige Weg
zu sein, ihre Sehnsucht zu Ende zu denken: Ist meine tiefste Sehnsucht erfüllt, wenn ein Mann mich liebt? Oder
geht meine Sehnsucht noch weiter? Und ich versuche, ihr

aufzuzeigen, wie sie konkret in ihrem Leben als Single Gottes Liebe erfahren kann, dass Gottes Liebe sie ja umgibt. Sie muss nicht um diese Liebe bitten. Die ist schon da. Sie kann die Liebe Gottes genießen, indem sie ihren Tag bewusst lebt, indem sie Rituale entwickelt, die ihr gut tun, indem sie ihre Mahlzeiten genießen lernt, indem sie sich freut auf jede Begegnung mit Menschen, indem sie die Kinder, die sie in der Schule unterrichtet, mit neuen Augen anschaut. Die Liebe Gottes wird hier nicht zum Ersatz für das Nicht-Gelingen einer Partnerschaft, sondern sie befreit von der Fixierung auf die Beglückung durch einen Menschen. Wenn ich nur von einem Menschen das Glück erwarte, werde ich notwendigerweise enttäuscht. Oft ist die Erfahrung der Liebe Gottes, die mir in meiner Einsamkeit Frieden schenkt, auch die Ermöglichung einer Partnerschaft. Denn wenn ich mit mir zufrieden bin, wenn ich auch alleine ein Mensch der Liebe bin, ein geliebter Mensch, der Liebe ausstrahlt, dann werde ich auch einen Partner finden, wenn es für mich stimmt. Aber ich kann auch genauso gut alleine leben. Ich spüre, dass es relativ ist, ob ich alleine oder in einer Partnerschaft lebe. Entscheidend ist, dass ich aus der Liebe lebe und selber liebe.

Eine Frau, die als Kind missbraucht worden ist, muss natürlich erst den Schmerz und die Wut zulassen, um sich langsam von der Macht des Täters zu befreien. Aber das Anschauen und Durcharbeiten allein heilt die Wunde nicht. Für mich ist die geistliche Dimension dabei wichtig. Da ist einmal das Bild von dem inneren Raum, der unberührbar ist, in dem Gott selbst in mir wohnt, in dem

niemand mich verletzen kann, in dem meine Würde
nicht beeinträchtigt wurde. Dieser innere Raum ist erfüllt von Gottes Liebe. Da haben Hass und Gier der
Menschen keinen Zutritt. In diesen Raum der Liebe
reicht die Verletzung des Missbrauchs nicht hinein. Da
ist die Frau ganz heil, unversehrt, unberührt, heilig. Eine
andere spirituelle Hilfe, mit dem Missbrauch umzugehen, ist der Glaube, dass Gottes zärtliche Liebe die
Wunde zu heilen vermag. Eine Frau zeigte mir ein Bild,
das sie auf dem Hintergrund ihres Missbrauches gemalt
hat: ein zerrissenes Herz, aus dem Tränen strömten. Als
ich sie nach ihrer tiefsten Sehnsucht fragte, meinte sie,
sie sehne sich danach, dass Jesus sie heile. Aber zugleich
spürte sie, dass dieser Jesus so weit weg von ihr war. Sie
spürte ihn und seine heilende Kraft nicht. Ich gab ihr die
Aufgabe, ihre eigene Hand aufs Herz zu legen und die
Wärme zu fühlen, die beim Atmen von ihrer Hand auf
das Herz ausging. Und sie sollte sich vorstellen, dass
Jesu Liebe durch ihre Hand zu ihrem Herzen hinströmt
und eine heilende Narbe um dieses verwundete Herz bildet. Wenn die Liebe Gottes erfahrbar wird, wenn sie im
Leib spürbar wird, kann sie auch ihre heilende Kraft entfalten. Natürlich ist das kein Trick, die Wunde zu heilen.
Aber wenn ich daran glaube, dass Jesu Liebe in mich
einströmt, dann kann ich durch so eine Meditation etwas
von der heilenden Liebe Gottes erleben.

Ein Mann, der sich selbst aufgegeben hatte und nicht
mehr weiterleben wollte, konnte das Angebot der Liebe
Gottes nicht annehmen. Er glaubte zwar irgendwie

daran, dass Christus auch für ihn gestorben sei, dass er für Gott wichtig sei und dass Gott ihn liebe. Aber eigentlich wollte er gar nicht daran glauben. Er wollte sich selbst vom Leben abschneiden. Er hatte genug mit allem. Er wollte nicht mehr weiter. Alles war zu viel für ihn. Er fand keinen Sinn mehr in seinem Leben. Es ist schwierig, in so einer Situation von der Liebe Gottes zu sprechen. Denn die Worte erscheinen allzu fromm und zu weit weg von der Situation des Mannes. Ich versuchte, seine Sehnsucht anzusprechen. Ist da in ihm nicht doch die Sehnsucht nach einer Liebe, auf die er sich verlassen kann, die ihn persönlich meint? Die Sehnsucht war da. Aber er wollte sie nicht zulassen. Denn das hätte ihn verunsichert. Da wäre eine Ahnung aufgetaucht, dass das Leben doch lebenswert ist. Ich weiß nicht, ob es gelungen ist, seine Blockaden aufzubrechen, damit die Liebe Gottes in ihn einströmen kann. Es bleibt immer ein Geheimnis, dass sich jemand wirklich öffnet und seinen Panzer ablegt, den er um sich gelegt hat. Auch hier ist es kein Weg, die Liebe Gottes nur als Trostpflaster zu benutzen oder nur von der Geborgenheit zu sprechen, die die Liebe Gottes vermittelt. Ich muss seine Enttäuschung, seine Verzweiflung, sein Scheitern, sein Nichtmehr-Wollen ernst nehmen. Wenn ich es mit ihm zusammen anschaue, ohne es ihm auszureden, wenn ich seine Verzweiflung mit ihm zu Ende denke, dann entdeckt er vielleicht, dass sie sein Ego zerbricht, seine Selbstsicherheit, sein selbst errichtetes Lebensgebäude, und dass gerade das eine tiefe spirituelle Erfahrung sein

könnte, dass ihm Gott gerade im Nichts aufgehen würde. Die Liebe Gottes schenkt nicht immer nur Geborgenheit, sie geht mir oft gerade dann auf, wenn alles in mir zerbrochen ist. Mitten im Schmerz über mein Scheitern ahne ich, dass ich in der Tiefe geliebt bin. Ich schwärme dann nicht von dieser Liebe, sondern ich ergebe mich in sie hinein und werde dabei ganz still und demütig und frei von mir selbst.

Ein Priester, der oft verärgert durch die Konflikte in seiner Gemeinde nach Hause kam, brauchte den Rückzug in die Höhle seines Zimmers, um dort – eingehüllt in Gottes heilende und liebende Gegenwart – wieder zu regenerieren. Ich kann mich auch zurückziehen, um mich mit Alkohol voll laufen zu lassen, oder um mich durch Fernsehen abzulenken. Aber das würde nicht weiter helfen. Wenn ich mir aber vorstelle, dass meine Zelle der Raum ist, in dem Gott selbst mit mir wohnt, dann kann ich an seiner Liebe heil werden. Die Mönche kennen das Wort: »Cella est coelum« – Die Zelle ist der Himmel, in dem der Mönch mit Gott wie mit seinem Freunde redet, in der er sich von Gottes Liebe umgeben weiß. Es ist ein mütterlicher Gott, der mich da mit seiner Liebe einhüllt. Mich immer wieder mit meinen Konflikten und mit meiner Frustration in die Höhle der göttlichen Liebe zurückzuziehen, kann heilsam sein. Aber ich darf nicht immer in der Höhle bleiben. Wie Elija muss ich mich dann wieder auf den Berg stellen, mich dem Leben mit seinen Konflikten aussetzen und mich von Gott herausfordern lassen. Gott ist nicht nur der mütterliche Gott, der mich

mit seiner Liebe umgibt, sondern auch der väterliche Gott, der mich herauslockt und herausfordert.

Geistliche Begleitung verstehe ich vor allem darin, die Menschen mit ihren konkreten Erfahrungen, mit ihren Verletzungen und ihren Konflikten, mit ihren neurotischen Mustern und mit ihren Ängsten und Blockaden behutsam an die Liebe Gottes heranzuführen. Natürlich muss ich ihnen in meiner Art, mit ihnen zu sprechen und auf sie einzugehen, etwas von dieser Liebe vermitteln. Die göttliche Liebe wird für den andern spürbar, wenn ich ihn nicht bewerte und beurteile, sondern ihm vermittle, dass alles in ihm sein darf, dass ich alles in ihm mit einem wohlwollenden und milden Blick anschaue. Aber ich darf mich auch nicht unter Druck setzen, als ob ich mit meiner Liebe den Panzer des Ungeliebtseins aufbrechen müsste. Da würde ich mich überfordern. Da wäre ich nicht durchlässig für Gottes Liebe, es ginge mir nur um die Kraft meiner eigenen Liebe, um meinen Ehrgeiz, den andern gesund lieben zu können. Doch so viel Liebe ist gar nicht in mir, als dass ich alle Verweigerungen der Liebe aufzulösen vermöchte. Manchmal versteckt sich auch der Begleitete hinter seinem Panzer und möchte mir die Schuld zuschieben, wenn er nicht heil wird und nicht an Gottes Liebe zu glauben vermag, wenn ihn meine Worte nicht erreichen. Da spüre ich dann, dass er die Verletzung, die er als Kind erlitten hat, mir weitergeben möchte. Er lässt mich gegen die Mauer anrennen, hinter der er sich versteckt, und wartet, bis ich mir den Kopf blutig geschlagen habe. Wenn ich in diese Falle tappe, kann ich dem andern nichts mehr ver-

mitteln. Ich muss meine Grenze akzeptieren, und ich muss die Freiheit des andern respektieren. Wenn er sich weiter hinter seinem Panzer vergraben möchte, dann ist das seine Entscheidung. Ich kann nur warten und hoffen, dass irgendwann die Sehnsucht nach Liebe stärker wird als die Angst, sich selbst in seiner Bedürftigkeit zu zeigen.

Die Kunst der geistlichen Begleitung besteht für mich darin, dass ich so von der Liebe Gottes spreche, dass sie nicht wie ein frommes Pflaster erscheint, das auf die Wunden geklebt wird. Priester, die zu früh von der Liebe Gottes sprechen, möchten die Wunden nicht anschauen. Weil sie ihnen unangenehm sind, weil sie nicht gut riechen, möchten sie sie möglichst schnell mit einem Pflaster bedecken. Aber die Salbe der göttlichen Liebe kann nur heilen, wenn sie auf die Wunde gestrichen wird, wenn die Wunde liebevoll angeschaut wird. So muss ich gemeinsam mit dem Begleiteten hinabsteigen in den Sumpf seiner Lebensgeschichte, ich muss mich hineinfühlen in den Schmerz seiner Wunden. Ich muss ihn erst verstehen, zu ihm stehen, bei ihm stehen, den Schmerz mit ihm durchstehen. Erst dann kann ich behutsam von der Liebe Gottes sprechen. Es gelingt mir nicht immer, so von der Liebe Gottes zu sprechen, dass sie beim andern ankommt. Manchmal liegt es an der zu großen Verweigerung des anderen. Manchmal bin ich selbst nicht sensibel genug für die Gefühlslage des andern. Dann muss ich immer wieder an meinen Traum denken, dass ich die Menschen behutsam an die Liebe Gottes heranführen muss. Ich halte mich dann zurück und meditiere

mich in den andern hinein, um zu spüren, wonach er sich im Tiefsten sehnt und was ihn hindert, mit seiner Sehnsucht in Berührung zu kommen.

Ich kenne in mir aber nicht nur die Unfähigkeit, behutsam an die Liebe Gottes heranzuführen. Oft genug bleibe ich bei den Problemen des Begleiteten stehen. Ich beschränke mich dann auf die psychologische Ebene, obwohl ich doch geistlicher Begleiter bin. Aber über die psychologische Ebene kann man besser sprechen. Da gibt es klarere Methoden, sie anzuschauen. Ich spüre dann bei mir, dass ich selber der Liebe Gottes nicht viel zutraue, dass ich mich lieber auf die Methoden der Therapie verlasse als auf die Wirklichkeit der göttlichen Liebe. Dann muss ich mir immer wieder die Frage stellen: Was hilft dir eigentlich? Woraus lebst du im Tiefsten? Was trägt dich? Was motiviert dich? Was hilft dir, dich mit deinen Wunden auszusöhnen? Warum stehst du Tag für Tag auf und lädst dir so vieles auf? Was treibt dich im Letzten? Wenn ich mir diese Fragen ehrlich beantworte, stoße ich immer wieder auf die Liebe Gottes als die eigentliche Triebfeder meines Lebens. Aber oft genug ist diese Triebfeder überdeckt durch andere Antreiber, durch den Antreiber des Erfolges, der Bestätigung und Zuwendung. So ist die geistliche Begleitung für mich immer auch eine Chance, mir selbst zu begegnen und nach den wahren Motiven meines Lebens zu fragen.

Die Therapie hat ihre Methoden, um einen Menschen auf seinem Weg der Selbstwerdung zu begleiten. Die spirituelle Tradition hat viele geistliche Methoden ent-

wickelt, wie wir auf unserem Weg zu Gott weiter kommen. Dabei sind die Methoden immer nur Hilfen. Ob wir Gott erfahren oder nicht, ist dann letztlich Gnade. Zur geistlichen Begleitung gehört für mich, die konkreten Wege anzuschauen und anzusprechen, wie der Einzelne Gottes Liebe in seinem Leben erfahren kann. Wenn einer sich den ganzen Tag mit Arbeit zudeckt, dann darf er sich nicht wundern, dass er sich nicht von Gott geliebt fühlt. Wir brauchen auch Orte und Zeiten, an denen wir uns bewusst der Liebe Gottes aussetzen, genau wie eine menschliche Liebe ja auch Zeit braucht, um sich auszudrücken und zu vertiefen. Wenn ein Ehepaar keine Zeit mehr füreinander aufbringt, wird sich auch bald ihre Liebe verflüchtigen. Orte und Zeiten, um Gottes Liebe zu erfahren, sind für jeden verschieden. Der eine fühlt sich in der Natur von Gottes Liebe umgeben. Der andere spürt sie, wenn er Musik hört, wenn er ganz Ohr ist und die Musik in sich hineinfallen lässt. Für einen andern ist das Lesen ein wichtiger Ort. Indem er die Erfahrungen anderer liest, kommt er mit sich selbst und seiner Sehnsucht in Berührung. Für einen andern sind selbst entwickelte Rituale der Ort, an dem er sich von Gottes Liebe umhüllt weiß. Für mich ist es wichtig, beim Vaterunser in unserem morgendlichen Chorgebet die Hände über der Brust zu kreuzen und Gottes Liebe in mir zu spüren. Wenn es durch die Hände warm wird in mir, dann kann ich mich der Liebe Gottes vergewissern als dem Grund, aus dem ich heute leben möchte.

8. Das Geschenk der Liebe

Die Liebe, so sagt uns die Bibel, ist Geschenk Gottes an die Menschen, ist Ausdruck des göttlichen Schöpfungssegens. Der Mensch findet die Liebe einfach vor. Sie ist ihm gegeben. Er erfährt sie, ob er will oder nicht. Sie kann ihn krank machen oder verzaubern. Sie ist wie eine Glut, die in ihm brennt. Sie ist wie ein Strom, der ihn mitreißt. Liebe ist dabei nicht nur die Liebe zwischen Mann und Frau, sondern auch die Liebe zu den Kindern, die Liebe zu den Menschen, die Liebe zur Natur, die Liebe als Grundstimmung und Haltung, die all unser Denken und Tun prägt, und die Liebe zwischen Gott und Mensch. In der Bibel gibt es zwei Hohelieder der Liebe, im Alten Testament eine Sammlung von erotischen Liebesliedern und im 1. Korintherbrief die Beschreibung der Liebe durch den Apostel Paulus. Ich kann nicht über die Liebe schreiben, ohne auf diese klassischen biblischen Texte zurückzugreifen.

Das Hohelied

Das Hohelied ist eine Sammlung von Liebesliedern, die das Geheimnis der Liebe zwischen Mann und Frau in unübertroffenen Bildern besingen. Es ist wohl im 4. oder 3. Jahrhundert vor Christus entstanden, im Umfeld der jüdischen Weisheitsliteratur. Vielleicht war der Anlass eine Auseinandersetzung im Judentum über den Sinn der erotisch-sexuellen Liebe. Während das Buch Tobit die eheliche Liebe als den Vollzug von Gottes Schöpfungswillen beschreibt, wird im Hohenlied die Lust aneinander, auch die sexuelle Lust, positiv gesehen. Die sexuelle und erotische Liebe erscheint hier als ein Geschenk Gottes an den Menschen, das der Mensch in vollen Zügen genießen darf. Sie verzaubert ihn. Sie ist eine übermächtige Kraft, die schon mit der Schöpfung gegeben ist. Der Mensch muss sie nicht lernen. Sie überfällt ihn einfach. Es ist eine geheimnisvolle Spannung zwischen dem Geliebtem und der Geliebten. Die Liebeslieder des Hohenliedes drücken die Sehnsucht nach Vereinigung aus, »das Glück des Beisammenseins und den Schmerz der Trennung. Dabei ist die Betroffenheit total. Man möchte immer und ausschließlich allein beisammen sein, ahnt aber gleichzeitig, dass dies nicht möglich ist«. [39]

Die Bildersprache des Hohenliedes schöpft aus den Liebesliedern Ägyptens, Syriens, Mesopotamiens und Palästinas. Dabei werden Attribute vorderasiatischer Liebesgöttinnen für die Beschreibung der Braut herangezo-

gen. Da wird die Geliebte in den Bildern von Uneinnehm-
barkeit geschildert. Ihr Hals, ihre Brüste, ihre Nase sind
wie ein Turm. Diese Bilder beziehen sich nicht auf die
Form ihres Körpers, sondern auf die Unzugänglichkeit
der Geliebten. Ihre Schönheit, die im Hals, in der Nase
und in den Brüsten zum Ausdruck kommt, ist für den Geliebten unzugänglich wie ein Turm. Er kann sich nicht ge-
waltsam Zutritt verschaffen. Das kommt noch stärker in
dem Bild zum Ausdruck, dass sie mitkommen solle, »weg
von den Lagern der Löwen, den Bergen der Panther« (Hl
4,8). Die Liebesgöttin Ischtar wird immer mit Löwen und
Panthern dargestellt, die sie schützen, die den Zugang zu
ihr erschweren. Die Geliebte erscheint wie eine Göttin,
unnahbar und zugleich anziehend. Der Geliebte verzehrt
sich in Sehnsucht nach ihr:

> Verzaubert hast du mich, meine Schwester Braut;
> ja verzaubert mit einem Blick deiner Augen,
> mit einer Perle deiner Halskette.
> Wie schön ist deine Liebe, meine Schwester Braut;
> wie viel süßer ist deine Liebe als Wein (Hl 4,9f).

Der Geliebte kann den Blicken seiner Braut nicht wider-
stehen. Von ihrem Liebesblick geht eine fast göttliche
Kraft aus. Zugleich aber erfährt er, dass die Freundin unzugänglich ist wie eine Göttin, die den Niederungen
menschlichen Daseins enthoben ist:

> Ein verschlossener Garten ist meine Schwester Braut,
> ein verschlossener Garten, ein versiegelter Quell
> (Hl 4,12).

Wenn der Geliebte eintreten darf in den verschlossenen Garten, wenn er die Liebe zu seiner Braut genießen darf, dann erlebt er sie als Quelle neuen Lebens, als Quelle von Freude und Lust.

Ähnlich faszinierend wird der Geliebte beschrieben, als König und als Hirte, der die Frau zum Leben und zu ihrer wahren Würde führt. Die Frau ist krank vor Liebe. Sie ist voller Sehnsucht, den Geliebten in ihr Haus zu führen. Er ist für sie »ein Beutel mit Myrrhe an meiner Brust« (Hl 2,13). Myrrhe ist ein Kosmetikum, das wunderbaren Duft verbreitet. Die Frau trägt den Myrrhenbeutel wie ein Amulett an ihrer Brust. Durch den Geliebten wird die Frau schöner und attraktiver. Alles bekommt durch die Liebe einen neuen Geschmack. Und sie erfährt eine Sicherheit, die ihr durch nichts zu nehmen ist, ja nicht einmal durch den Tod. Sie will für den Geliebten ein Siegel auf seinem Herzen sein. Ihre Liebe soll sein Leben entfalten und es vor dem Tod bewahren. Denn ähnlich wie ein Siegel den Tod fern halten soll, vermag die Liebe den Tod zu besiegen. Sie ist stärker als der Tod. Sie wird auch den Tod überdauern: »Stark wie der Tod ist die Liebe, die Leidenschaft ist hart wie die Unterwelt« (Hl 8,6).

Schöneres kann man über die Liebe nicht sagen, als es in den wunderbaren Liedern dieses alttestamentlichen Buches ausgedrückt ist. Da wird ohne Angst und Scheu,

ohne moralische Einengungen vom Wunder der Liebe gesungen, das die Liebenden verzaubert und ihnen ihre innere Schönheit schenkt. Und Liebe ist immer etwas Göttliches. Das kommt zum Ausdruck in den vielen Anspielungen auf die Darstellungen der Liebesgöttinnen im ägyptischen und palästinensischen Bereich. Dass der Mann die Frau und die Frau den Mann zu lieben vermag, das ist das größte Geschenk, das Gott dem Menschen gemacht hat: »Böte einer für die Liebe den ganzen Reichtum seines Hauses, nur verachten würde man ihn« (Hl 8,7). Mann und Frau dürfen die Liebe genießen, die Gott ihnen als größtes Geschenk gegeben hat, und niemand soll sie dabei stören: »Stört die Liebe nicht auf, weckt sie nicht, bis es ihr selbst gefällt« (Hl 2,7).

Immer wenn Menschen über die Liebe dichten, fliegen ihnen Vergleiche mit Engeln oder Göttinnen zu. Und immer wieder wird der Liebe die Macht zugetraut, das Erstorbene in uns zum Leben zu wecken und den Tod zu überdauern. Offensichtlich spiegelt die Liebe zwischen Mann und Frau den Glanz der göttlichen Liebe wider. Und nur die Dichter können die Liebe angemessen beschreiben. Ich möchte mich auf zwei Verse aus der Diotima von Friedrich Hölderlin beschränken:

> Diotima! selig Wesen!
> Herrliche, durch die mein Geist,
> Von des Lebens Angst genesen,
> Götterjugend sich verheißt!
> Unser Himmel wird bestehen,

Unergründlich sich verwandt,
Hat sich, eh wir uns gesehen,
Unser Innerstes gekannt.

Dann umfängt ihr himmlisch Wesen
Süß im Kinderspiele mich,
Und in ihrem Zauber lösen
Freudig meine Bande sich;
Hin ist dann mein dürftig Streben,
Hin des Kampfes letzte Spur,
Und ins volle Götterleben
Tritt die sterbliche Natur.

In der Antike waren es die Liebesgöttinnen, die den Menschen verzauberten. Im Christentum ist es die Liebe Gottes, die in Jesus Christus sichtbar geworden ist, die in jeder menschlichen Liebe aufleuchtet. Auch wenn das Hohelied im Ursprung nur die Liebe zwischen Mann und Frau – nicht einmal die eheliche, sondern eher die freie Liebe – besingt, so kann es nicht wundern, dass schon im Judentum und dann im frühen Christentum dieses Buch als Bild für die Liebe zwischen Jahwe und seinem Volk oder zwischen Christus und der Kirche oder aber zwischen Christus und der Einzelseele verstanden und gedeutet worden ist. Die Mystik hat immer die erotische Sprache dieses Buches benutzt, um ihre Gotteserfahrung auszudrücken. Johannes vom Kreuz hat sich auf seinem Sterbebett keine Bußpsalmen vorlesen lassen, sondern gerade dieses Hohelied der Liebe. Der Tod war

für ihn die Erfüllung seiner Liebessehnsucht. Da loderte
seine Liebesflamme ohne Begrenzung auf, da wurde er
in der Glut der Liebe eins mit dem über alles geliebten
Gott. Sterbend hörte er mit neuen Ohren die Worte von
der Liebe:

> Ihre Gluten sind Feuergluten, gewaltige Flammen.
> Auch mächtige Wasser
> können die Liebe nicht löschen;
> auch Ströme schwemmen sie nicht weg
> (Hl 8,6f).

Johannes vom Kreuz störte sich nicht an der so offen
erotischen, ja häufig sexuellen Sprache dieser Liebeslieder. Für ihn war die Beziehung zu Gott die Erfüllung der
menschlichen Liebe. Was im Hohenlied als menschliche
Liebe beschrieben wird, das kommt für ihn erst in der
Liebe zu Gott und in der Liebe Gottes zum Menschen zu
ihrem eigentlichen Wesen. Sein Verständnis des Hohenliedes war frei von Ängstlichkeit und moralischer Enge.
Da war keine Verleumdung der Sexualität und der Erotik. Er nahm die Erotik und die Sexualität als das, was
sie von Gott her sind, als gute Gaben, die der Mensch
genießen darf, die aber über den geliebten Menschen
hinausweisen auf eine noch tiefere Liebe, auf die Liebe
zwischen Gott und Mensch.

Liebe und Schmerz

In allen Jahrhunderten haben Dichter die Liebe besungen. Sie haben gespürt, dass die Liebe das schönste Geschenk ist, das Gott uns ins Herz gesenkt hat. Aber die Liebe ist immer auch mit Schmerz und Leidenschaft verbunden. Der Liebende erfährt den Himmel, aber er geht auch durch die Hölle seiner Einsamkeit und seines Schmerzes, wenn er die Geliebte nicht mehr findet. Daher beschreibt die Dichtung vor allem das tragische Schicksal der Liebenden: Romeo und Julia, Tristan und Isolde, Abaelard und Heloise. Wiederum sollen nur ein paar Verse aus Menons Klagen um Diotima von Friedrich Hölderlin für den Schmerz der Liebe stehen:

> Ruhig lächelten wir, fühlten den eigenen Gott
> Unter trautem Gespräch, in einem Seelengesange,
> Ganz in Frieden mit uns, kindlich und freudig allein.
> Aber das Haus ist öde mir nun,
> und sie haben mein Auge
> Mir genommen, auch mich hab' ich verloren mit ihr.
> Darum irr ich umher und wohl wie die Schatten,
> so muss ich Leben,
> und sinnlos dünkt lange das übrige mir.

Die Dichter haben die Liebe zwischen Mann und Frau im Blick. Aber darin sehen sie das Geheimnis der Liebe überhaupt. Die Liebe führt den Menschen zu sich selbst. In der Liebe weiß er, wer er ist. Ohne Liebe verliert er

sich. Zugleich ahnen die Dichter aber auch, dass es eine Liebe gibt, die die Liebe zwischen Mann und Frau übersteigt. Es ist die Liebe Gottes, die durch alle menschliche Liebe hindurchscheint und sie überdauert. So hat es Hölderlin erfahren, als er am Ende der Klage um die verlorene Diotima sagt:

So will ich, ihr Himmlischen!
denn auch danken, und endlich
Atmet aus leichter Brust wieder des Sängers Gebet.
Und wie wenn ich mit ihr,
auf sonniger Höhe mit ihr stand,
Spricht belebend ein Gott innen vom Tempel mich an.
Leben will ich denn auch! schon grünts!
wie von heiliger Leier
Ruf es von silbernen Bergen Apollons voran!
Komm! es war wie ein Traum!
Die blutigen Fittiche sind ja
Schon genesen, verjüngt leben die Hoffnungen all!
Großes zu finden ist viel, ist viel noch übrig, und wer so
Liebte, gehet, er muss, gehet zu Göttern die Bahn!

Ja, letztlich darf auch der Verlust menschlicher Liebe den Menschen nicht zerbrechen, weil in der Liebe zur Geliebten etwas aufgeleuchtet ist, das unzerstörbar ist, das zu Gott führt. Der Weg von der Liebe zwischen Mann und Frau zur Ahnung einer göttlichen Liebe, die nicht vergeht, wird von vielen Dichtern besungen. Sie bringen damit zum Ausdruck, was die Mystik getan hat,

wenn sie die erotische Sprache auch für die Beschreibung der Gottesliebe benutzt hat. Und in unzähligen Liebesgedichten wird sichtbar, was Paulus im 1. Korintherbrief als seine Erfahrung von Liebe beschrieben hat.

Das paulinische hohe Lied der Liebe

Wenn Paulus im 13. Kapitel des 1. Korintherbriefes einen Hymnus auf die Liebe anstimmt, dann steht er da in einer langen Tradition. Er greift vor allem auf griechische Vorbilder zurück. Offensichtlich hat Paulus eine gute hellenistische Schulbildung genossen. Dass die Liebe höher ist als alles andere, hat schon Plato behauptet:

So, mein Phaidros, erscheint mir der Eros:
Vor allem er selbst der Schönste und Beste,
um dann allen andern eben diese Gabe zu spenden.[40]

Paulus spricht allerdings nicht vom Eros, sondern von der Agape. Die Griechen kennen ja drei Ausdrücke für jeweils verschiedene Weisen der Liebe. *Eros* ist die begehrliche Liebe. Der Eros liebt leidenschaftlich das, was er entbehrt. Verliebtsein wird von der Kraft des Eros gespeist. *Philia* ist die Freundesliebe. Sie ist vor allem geprägt durch die Freude über den Menschen, den man liebt. Die Philia wünscht den Freunden das Gute um der Freunde willen.[41] Die höchste Stufe der Liebe ist die *Agape*. Sie ist ein grundsätzliches Wohlwollen, nicht nur

zum Freund, sondern auch zum Feind. Und sie ist Liebe
Gottes und Liebe zu Gott. Sie will nichts vom andern
oder von Gott, sondern liebt den andern um seiner selbst
willen. Manche Theologen setzen einen scharfen Tren-
nungsstrich zwischen diese drei Formen der Liebe. Thomas von Aquin und Bernhard von Clairvaux dagegen
wissen, dass die Liebe beim Körper anfängt, dass sie
langsam aufsteigt von der begehrlichen zur freund-
schaftlichen und dann zur göttlichen Liebe. Aber auch
die Agape braucht noch die Kraft des Eros, sonst wird
sie kraftlos und bedeutungslos. Agape ist eine keusche
Liebe. Der Eros, der sich im sexuellen Akt ausdrückt,
kann genauso gespeist sein von der keuschen Liebe der
Agape, wie umgekehrt die Agape vom Eros und von der
Philia.

Im Lied über die Liebe fehlt der Hinweis auf Christus.
Und Paulus lässt es offen, ob er die Liebe zu Gott oder
zu den Menschen meint. Er spricht allgemein von der
Liebe. Die Liebe ist also eine Qualität des Lebens, eine
Macht, die im Menschen wirkt, die ihn verwandelt und
verzaubert. Und Liebe ist zugleich eine Gabe des Heiligen Geistes, etwas Göttliches, das den Menschen erst
wahrhaft zum Menschen macht. Paulus antwortet hier
auf die allgemeine menschliche Sehnsucht nach der
Liebe, die das ganze Leben durchdringt. Durch die Liebe
wird das Leben erst lebenswert. In Hochzeitspredigten
wird über diesen Text oft moralisierend gesprochen. Da
wird dem Brautpaar gepredigt, was sie alles tun müssen
und wie sie sich lieben müssten. Das hinterlässt dann

eher ein schlechtes Gewissen. Oder aber es wird euphorisch von der Liebe gesprochen, und man sieht nicht, wie sie überhaupt realisiert werden kann. Paulus spricht nicht euphorisch. Er möchte einfach darlegen, wie ein Leben aussieht, das von der Macht der Liebe bestimmt wird. Und Paulus spricht nicht von der Liebe zwischen Mann und Frau, sondern von der Liebe als einer Kraft des Geistes. Wer die Liebe in sich spürt, dessen Leben gelingt, bei dem bekommt alles ein neues Aussehen und einen neuen Geschmack.

In einem Lehrgedicht (1 Kor 13,4-7) zeigt Paulus auf, welche Qualität die Liebe hat und wie sie konkret unser Dasein prägen kann. Die Liebe ist eine Kraft, die der Heilige Geist im menschlichen Herzen hervorruft, entweder durch die Erfahrung, von andern geliebt zu sein, oder durch eine spirituelle Erfahrung von Gottes Liebe. Man kann die Liebe weder als Gefühl noch als Willensakt bezeichnen. Sie scheint eine eigenständige Macht zu sein, die im Herzen des Menschen wirkt und alle seine Beziehungen betrifft: die Beziehung zum Nächsten, zu Gott, zur Schöpfung, zu den Dingen seines Lebens und zu sich selbst. Die Liebe prägt sein Denken, Fühlen, Wollen und Handeln. Sie ermöglicht eine neue Lebensqualität, eine neue Selbstwahrnehmung. Sie verwandelt den Menschen und verleiht ihm eine eigene Ausstrahlung. Auch wenn man noch so sehr über die Liebe nachdenkt, ist sie letztlich nicht zu fassen und zu greifen. Man kann sie nur beschreiben in ihren Auswirkungen:

Die Liebe ist langmütig, die Liebe ist gütig.
Sie ereifert sich nicht, sie prahlt nicht,
sie bläht sich nicht auf.
Sie handelt nicht ungehörig,
sucht nicht ihren Vorteil,
lässt sich nicht zum Zorn reizen,
trägt das Böse nicht nach.
Sie freut sich nicht über das Unrecht,
sondern freut sich an der Wahrheit.
Sie erträgt alles, glaubt alles, hofft alles,
hält allem stand.
Die Liebe hört niemals auf
(1 Kor 13,4-8).

Die Liebe ist langmütig, sie hat Geduld, sie hat ein
großes und weites Herz. Sie kann warten. Sie ist nicht
kleinlich. Sie steht offen für den andern. Aber dieses
weite Herz, der »große Mut«, bezieht sich nicht nur auf
den Umgang mit andern. Wenn ich ein weites Herz habe,
dann fühle ich mich anders. Ich bin frei, offen. Das Leben kann in mir strömen. Ich werde mich nie auf das Negative fixieren, das ich bei mir oder andern wahrnehme.
Das weite Herz ist das Gegenteil von »kleinkariert«, von
engstirnig, verbohrt. Man spürt einem Menschen von
seinem ganzen Wesen her an, ob er ein weites Herz hat
oder einen kleinen Mut, einen engen Geist.

Die Liebe ist gütig. Das griechische Wort meint, dass
sich die Liebe gut, aufrichtig, rechtschaffen verhält und
dass sie heilsam ist, dass sie anderen gut tut und ihnen

Heil bringt. Ein Mensch, der voller Liebe ist, tut dem andern gut. Er hat eine heilende Ausstrahlung. In seiner Nähe ist man gerne. Er sieht das Gute im andern und lockt es aus ihm heraus. Weil er an das Gute im Menschen glaubt, geht er auch gut mit ihm um.

Die Liebe ist nicht eifersüchtig. Das griechische Wort für Eifersucht kommt von der Vorstellung, dass einer innerlich kocht, dass er aufbraust und von der Leidenschaft heftig bewegt wird. Die Liebe hat eine andere Qualität. Sie strahlt Ruhe und Unabhängigkeit von andern aus. Sie steigert sich nicht in Eifersucht hinein, um den andern an sich zu fesseln, sondern sie lässt ihn frei. Schon der griechische Schriftsteller Maximus von Tyrus hat die Freiheit als das wichtigste Kennzeichen der Liebe gesehen: »Die Liebe hasst nichts so sehr wie Zwang und Furcht. Und sie ist stolz und vollkommen frei und freier sogar als Sparta.«[42] Wer in sich Liebe spürt, der ist frei. Er vergleicht sich nicht mit andern. Er ist bei sich. Sein Herz ist nicht zerrissen von Leidenschaften. Die Liebe führt den Menschen zu sich selbst, zu seinem eigentlichen Wesen. Sie entspricht seinem innersten Sein.

Die Liebe prahlt nicht. Sie hat es nicht nötig, anzugeben, sich aufzublähen, sich aufzublasen. In der Liebe bin ich einfach ich selbst. Ich zeige mich, wie ich bin. Ich habe nichts zu verstecken. Ich muss nicht mit irgendwelchen Leistungen prahlen, ich bin mit mir zufrieden, weil ich den Geschmack der Liebe in mir koste. Die Liebe macht das Leben lebenswert. Ich brauche nicht Bestätigung und Anerkennung. Die Liebe handelt nicht ungehörig, unan-

ständig. Sie ist nicht formlos und hässlich. Die Liebe entspricht vielmehr dem Wesen des Menschen, und sie macht
ihn schön. Sie bringt ihn in die Gestalt, die ihm angemessen ist. Erst wer liebt, ist wahrhaft Mensch, meint letztlich
diese Aussage des Paulus. Die Liebe schaut nicht auf ihren
Vorteil, sie sucht nicht das Eigene. Sie kreist nicht um sich
selbst. Sie muss sich nicht behaupten, weil sie einfach da
ist. Sie benutzt den andern nicht für sich, sondern nützt
ihm. Sie erwartet nicht vom andern das Glück, sondern
möchte ihn beglücken. Sie presst den andern nicht aus, um
sexuelle Lust zu erfahren, sondern will mit ihm eins werden. Die Liebe ist frei von dem ständigen Kreisen um sich
selbst, das der Angst entspringt, zu kurz zu kommen. Die
Liebe kommt nicht zu kurz. Wer von Liebe erfüllt ist, der
hat genug, der muss nicht immer noch mehr haben. Wenn
Paulus sagt, dass die Liebe sich nicht zum Zorn reizen
lässt, dann erscheint das auf den ersten Blick problema-
tisch. Denn wo sollen wir mit unseren Aggressionen hin?
Liebe und Aggression gehören offensichtlich eng zusammen. Das hat Peter Schellenbaum in seinem Buch »Das
Nein in der Liebe« einleuchtend beschrieben. Ohne Aggression wird die Liebe zu einer Fessel, die den andern
nicht frei lässt. Die Aggression hält die Spannung von
Nähe und Distanz immer wieder aufrecht. Und ohne diese
Spannung verliert sich die Liebe. Aggression und Liebe
sind zwei Pole, die einander bedürfen. Paulus meint offensichtlich etwas anderes. Die Liebe lässt sich nicht auf-
reizen, scharf machen, sie steigert sich nicht zu hitziger
Leidenschaft, zum Fieberanfall. Sie frisst sich nicht fest

im Groll. Sie hat eher die Qualität von Ruhe und Kraft, von Wärme und Klarheit. Sie hat den Mut, dem andern zu sagen, wenn er einen verletzt hat, wenn man sich über ihn geärgert hat. Sie klärt die Missverständnisse. Sie schaut auch die Aggressionen an, die in jeder Liebe immer wieder aufsteigen und uns davor bewahren, in falsche Harmonie zu versinken. Das griechische Wort für Zorn kommt von der Vorstellung »unzeitig, vorschnell, hitzig«. Die Liebe reagiert angemessen. Sie ist im Augenblick. Sie lässt sich durch verletzende Worte nicht aus dem gegenwärtigen Moment vertreiben. Sie ist nicht empfindlich. Der Empfindliche wird immer wieder aus dem Augenblick gerissen. Verletzende Worte bringen in ihm zum Vorschein, was sich unter der Oberfläche an Wut und Unzufriedenheit angesammelt hat.

Die Liebe trägt das Böse nicht nach. Sie stellt es nicht in Rechnung. Sie rechnet es nicht auf. In der Beziehung untereinander rechnen wir häufig einander auf, was der andere uns angetan hat. Das zahlen wir ihm heim. Wir meinen, eine gute Beziehung lebe vom Ausgleich. Wenn der andere mich verletzt hat, verletze ich ihn. Aber das gibt nie einen Ausgleich, sondern ein ständiges Aufrechnen, einen Teufelskreis der gegenseitigen Verletzung, der nie endet. Nur der Kleinliche berechnet und rechnet ständig auf. Wer durch die Liebe weit geworden ist, hat es nicht mehr nötig, das Böse aufzurechnen. Die Liebe besiegt das Böse, anstatt es aufrechnend zu vermehren. Die Liebe freut sich nicht am Unrecht, an der Verletzung, sondern sie freut sich an der Wahrheit. Sie freut

sich daran, wenn der andere so zur Geltung kommt, wie er wirklich ist. Sie will ihn nicht durch Verletzung entwerten und ihn dadurch ins Unrecht setzen.

Paulus schließt die Beschreibung der Liebe mit vier zentralen Aussagen: »Sie erträgt alles, glaubt alles, hofft alles, hält allem stand« (1 Kor 13,7).

Diese Formel ähnelt den Hymnen, die Plato oder Maximus von Tyrus über die Liebe anstimmen. Auch hier dürfen wir nicht sofort auf die Beziehung zum andern schauen. Vielmehr ist die Liebe als absolute Macht gesehen, als Gottesgabe, die sich auf unser gesamtes Verhalten auswirkt. Die Liebe erträgt alles. Eigentlich heißt es: Sie deckt, beschirmt, bewahrt alles. Das griechische Wort dafür kommt von »Dach, Decke«. Die Liebe ist gleichsam ein Schutzdach, das uns davor bewahrt, dass die Feuchtigkeit in unser Haus eindringt, dass negative Stimmungen unser Haus besetzen. Die Liebe ist wie ein Haus, in dem wir wohnen können, ein Haus, in dem wir uns geborgen und beschirmt fühlen. Und wenn wir uns in unserem Haus daheim fühlen, können wir mit unserer Liebe auch dem andern ein schützendes Dach bieten, unter dem er sich geborgen und angenommen weiß. Die Liebe lädt auch andere in unser Haus des Lebens ein.

Die Liebe glaubt alles. Das griechische Wort »pisteuein« meint eigentlich »trauen, vertrauen«. Die Liebe ist getragen von einem grundsätzlichen Vertrauen in den Menschen, in das Leben, in Gott. Nur wenn ich einem glaube, kann ich ihn lieben. Das meint auch die deutsche Sprache, die glauben, lieben und loben von der gleichen

Wurzel »liob« ableitet. »Liob« heißt gut. Glauben heißt
dann gut sehen. Lieben bedeutet gut umgehen. Ich kann
nur lieben, was ich für gut ansehe, wem ich traue. Das
gilt vom Menschen genauso wie für Gott. Ich kann keinen Gott lieben, dem gegenüber ich ein abgrundtiefes
Misstrauen habe. Die Liebe braucht das Vertrauen, aber
sie drückt sich auch konkret im Vertrauen und Glauben
aus. Indem sie an den Menschen glaubt, richtet sie ihn
auf und lockt in ihm das Gute hervor. Loben heißt, das
Gute auch zu nennen. Indem ich das Gute ins Wort
bringe, wird es wirklich und wirksam.

Die Liebe hofft alles. Hoffnung ist ein anderer Aspekt
des Glaubens. Ich erwarte etwas von dem, den ich liebe.
Ich traue ihm etwas zu. Ich habe Hoffnung für ihn, dass
er sich entwickeln kann, dass das Gute in ihm immer
stärker werden wird. Die Liebe durchbricht das Augen-
scheinliche. Sie sieht tiefer. Sie entdeckt im Menschen
den guten Kern, der in ihm aufblühen möchte. Sie sieht
in ihm die Zeichen von Lebendigkeit, von Echtheit, von
Fähigkeiten und Möglichkeiten, die in ihm stecken. Und
die Liebe erhofft alles von Gott. Sie traut Gott zu, dass er
an uns und an den Menschen, die wir lieben, Wunder
seiner Liebe wirken wird.

Die Liebe hält allem stand. Sie stellt sich unter den andern, um ihn zu stützen und zu tragen. Sie steht zu ihm,
ganz gleich, wie er sich entwickelt und was er von sich of-
fenbart. Sie bleibt bei ihm in allen seinen Irrungen und
Verwirrungen. Sie vermag das nur, weil sie alles glaubt
und alles hofft, weil sie das Gute im andern sieht und die

Hoffnung hat, dass der gute Kern immer mehr zum Vorschein kommt. Sie ist wie eine Säule, auf die der andere
sich stützen kann, die das Haus des Miteinanders trägt. In
der Liebe wohnt eine Kraft. Das griechische Wort für
Standhalten, »hypomenein«, kommt aus der Kriegsspra-
che. Es bedeutet: bleiben, um einen feindlichen Angriff
abzuwehren, sich dem Angriff stellen, nicht ausweichen.
Die Liebe lässt sich nicht so leicht in die Flucht schlagen.
Sie nimmt den Kampf gegen feindliche Mächte auf. Sie
glaubt an den Sieg. Sie ist stärker als alles, was das Leben
untergraben möchte. »Die Liebe hört niemals auf« (1 Kor
13,8). Sie ist Erscheinung des Ewigen in der Zeit und hat
daher niemals ein Ende, während alle anderen Gaben des
Geistes vorläufig sind und im Tod ihr Ende finden.

Bei all diesen Aussagen des heiligen Paulus über die
Liebe dürfen wir nicht sofort daran denken, dass wir dies
oder jenes tun müssten, dass wir nicht zornig oder eifersüchtig sein dürfen, dass wir nie an uns selber denken sollen, sondern immer an den Vorteil des andern. Wenn wir
aus der Beschreibung des Paulus nur die Forderung her-
aushören, wird die Liebe für uns zu einer Überforderung.
Paulus beschreibt vielmehr, wozu die Liebe fähig ist. Die
Liebe ist eine eigene Kraft. Manchmal spüren wir, dass
wir voller Liebe sind. Die Frau, die mir erzählt hat, dass sie
auf einmal ein tiefes Gefühl von Zärtlichkeit und Liebe in
sich hatte, fühlte in sich keinen moralischen Druck, dass
sie alle lieben müsse. Sie war einfach voller Liebe. Die
Liebe strömte aus ihr heraus zu allen Menschen zu den
Blumen auf der Wiese, zu den Tieren, in ihr Zimmer, in

ihren Leib. Es ist immer ein Geheimnis, wenn wir von der Macht der Liebe erfasst werden. Liebe ist dann eine Qualität des Erlebens, die nicht machbar ist. Sie ist göttliches Geschenk. Das meint Paulus, wenn er von der Liebe als Gabe des Heiligen Geistes spricht. Paulus will uns mit seiner Beschreibung der Liebe nicht überfordern, sondern einen Weg weisen, wie wir wahrhaft leben können, wie unser Leben einen neuen Geschmack bekommt, wie es vom Geschmack Jesu erfüllt und verzaubert wird.

Wir wissen oft nicht, warum wir gerade jetzt so voller Liebe sind und warum wir manchmal wochenlang trotz allen Redens von Liebe nichts von ihr spüren. Es ist immer ein Augenblick der Gnade, wenn ein menschliches Herz von Liebe erfüllt wird. Was wir dazu tun können, um diese Liebe in uns zu spüren, habe ich versucht, in diesem Buch zu beschreiben. Aber keine menschliche Anstrengung kann die Liebe hervorlocken. Gott selbst, so meint Paulus und so meinen es vor ihm die Griechen mit ihrem Mythos vom Eros, bewirkt im Menschen die Liebe. Liebe ist Ausdruck seiner Göttlichkeit. Liebe ist göttlich. Gott ist die Liebe. Wer in Gott ist, der ist auch in der Liebe. Und umgekehrt gilt auch: »Wer in der Liebe bleibt, der bleibt in Gott, und Gott bleibt in ihm« (1 Joh 4,16). Aber es genügt nicht, die göttliche Gabe der Liebe zu genießen. Wir müssen diese Liebe auch zu den Menschen und zur Welt hin fließen lassen. Wir müssen ihr durch neue Verhaltensweisen Ausdruck verleihen. Sonst stirbt sie ab. Sonst ersticken wir am Gefühl der Liebe. Die Liebe muss strömen, damit sie lebendig bleibt.

Schluss

Viele Seiten habe ich von der Liebe geschrieben. Und trotzdem ist mir ihr Geheimnis immer noch verschlossen. Worte können immer nur Annäherungen an die Liebe sein und nie die Liebe selbst ersetzen. Ich hoffe, dass das so häufig missbrauchte Wort »Liebe« für Sie, lieber Leser, liebe Leserin, einen neuen Glanz bekommen hat. Und ich wünsche Ihnen, dass Sie etwas von der Liebe in sich spüren, die unabhängig davon ist, ob Sie nun gerade von einem Menschen geliebt werden oder in einen anderen verliebt sind. Liebe ist eine göttliche Qualität. Sie verzaubert unser Leben. Diese Liebe ist in einem jeden von uns, und sie umgibt uns in der Schöpfung, die uns umarmt, in der liebenden Gegenwart Gottes, die uns einhüllt, und in Menschen, die uns lieben. Ich wünsche Ihnen, dass Sie sich geliebt wissen und Lust an der Liebe haben, mit der Sie andere lieben. Und ich vertraue darauf, dass Sie in Ihren Erfahrungen von Liebe, in Ihren Enttäuschungen an der Liebe und in Ihrer Freude, die Liebe in Ihnen hervorgerufen hat, das Geheimnis einer Liebe erkennen und erspüren, die nicht

mehr brüchig ist, auf die Sie sich für immer verlassen können, die nie versiegt, weil sie sich von der Quelle der göttlichen Liebe speist, die in Ihnen strömt. Wenn Sie diese Liebe in sich spüren, dann dürfen Sie gewiss sein, dass Sie in Gott sind, dass Sie eingeweiht sind in das größte Geheimnis Gottes, in das Geheimnis seiner Liebe.

Anmerkungen

[1] Thomas Mann, Doktor Faustus. Das Leben des deutschen Tonsetzers Adrian Leverkühn, Frankfurt 1975, 332.

[2] Verena Kast, Paare. Beziehungsphantasien oder wie Götter sich in Menschen spiegeln, Stuttgart 1984, 15.

[3] Ebd 153f.

[4] F.M. Dostojewski, Die Brüder Karamasow, Berlin 1950, 425.

[5] Ebd 651.

[6] Ebd 718.

[7] F.M. Dostojewski, Schuld und Sühne, München 1920.

[8] Graham Greene, Das Ende einer Affäre, Hamburg 1974, 87.

[9] Ebd 113.

[10] Ernst Bloch, Das Prinzip Hoffnung, Frankfurt 1959, 376.

[11] Max Frisch, Tagebuch 1946-1949, Frankfurt 1970, 31.

[12] Max Frisch, Stiller, Frankfurt 1963, 557.

[13] Ebd 562f.

[14] Ebd 566.

[15] In: Ernesto Cardenal, Das Buch von der Liebe. Lateinamerikanische Psalmen. Mit einem Vorwort von Thomas Merton. Gütersloh 1977, 13.

[16] Ebd 14.

[17] Gabriel Marcel, Homo Viator. Philosophie der Hoffnung, Düsseldorf 1949, 212f.

[18] Vgl. Verena Kast, Paare 58ff.

[19] Ernesto Cardenal, Das Buch von der Liebe 28f.

[20] Vgl. Josef Pieper, Über die Liebe, München 1972, 39ff.

[21] Ebd 56.

[22] Henry J.M. Nouwen, Im Haus des Lebens. Von der Angst zur Liebe, Freiburg 1986, 8.

[23] Herman Vekeman, Erotik und eheliche Liebe bei Hadewich, in: Mystik. Band 1. Ihre Struktur und Dynamik, hrg. v. O. Steggink, Düsseldorf 1983, 183f.

[24] Peter Schellenbaum, Das Nein in der Liebe. Abgrenzung und Hingabe in der erotischen Beziehung, München 1986, 101.

[25] Ken Wilber, Eros, Kosmos, Logos. Eine Vision an der Schwelle zum nächsten Jahrtausend, München 1996, 555f.

[26] Ebd 555.

[27] Hans Jellouschek, Männer und Frauen auf dem Weg zu neuen Beziehungsformen, in: Der Umbruch im Mann, hrsg. v. P.M. Pflüger, Olten 1989, 177.

[28] Peter Schellenbaum, Das Nein in der Liebe 102.

[29] Ernesto Cardenal, Das Buch von der Liebe 27.

[30] Ebd 45.

[31] Ebd 28.

[32] Ebd 29.

[33] Ebd 50f.

[34] Ebd 7.

[35] Henry J.M. Nouwen, Du bist der geliebte Mensch. Religiöses Leben in einer säkularen Welt, Freiburg 1993, 20.

[36] Ebd 22.

[37] Ebd 26.

[38] Ernesto Cardenal, Das Buch von der Liebe 34.

[39] Otmar Keel, Deine Blicke sind Tauben. Zur Metaphorik des Hohen Liedes, Stuttgart 1984, 13.

[40] Hans Conzelmann, Der 1. Brief an die Korinther, Göttingen 1969, 259.

[41] Vgl. zum Ganzen: André Comte-Sponville, Ermutigung zum unzeitgemäßen Leben. Ein kleines Brevier der Tugenden und Werte, Hamburg 1998, 298ff.

[42] Hans Conzelmann, Der 1. Brief an die Korinther 260.

Die Deutsche Bibliothek - CIP-Einheitsaufnahme

Grün, Anselm:
Im Haus der Liebe wohnen / Anselm Grün. - Stuttgart : Kreuz, 1999
ISBN 3 -7831-1727-5

1   2   3   4   5   03   02   01   00   99

© Kreuz Verlag GmbH & Co. KG Stuttgart 1999.
Ein Unternehmen der Dornier Medienholding GmbH.
Postfach 800 669, 70506 Stuttgart, Tel. 07 11 / 78 80 30
Umschlaggestaltung: Jürgen Reichert, Stuttgart
Umschlagbild: Miniatur, Gregor, Bischof von Nazianz, 12. Jh.
Satz: Rund ums Buch, Rudi Kern, Kirchheim/Teck
Druck und Bindung: Graphischer Großbetrieb Pößneck
ISBN 3 7831 1727 5

Wege zu mehr Lebensfreude

Ein Ritual ist »etwas, auf das ich mich täglich freuen kann«, schreibt Anselm Grün. Ohne eine Kultur des Alltags keine Spiritualität, kein Glaube. Rituale sind für den Verfasser alles andere als exotische Traditionen, sie sind für den Benediktiner-Mönch tägliche Lebenspraxis. Grün zeigt Beispiele für persönliche, familiäre und soziale Rituale und gibt Anregungen dazu, sie bewusster zu gestalten. An der Feier der sieben Sakramente macht er anschaulich, wie Rituale neu belebt und erfahren werden können.

Anselm Grün
**Geborgenheit finden –
Rituale feiern**
Wege zu mehr Lebensfreude
160 Seiten, Hardcover

KREUZ: Was Menschen bewegt.